독립군이 된 부자들

천천히읽는책_49

독립군이 된 부자들
이회영·이상룡·안희제·최준

글 김바다

펴낸날 2021년 11월 10일 초판1쇄 | 2022년 11월 21일 초판2쇄
펴낸이 김남호 | 펴낸곳 현북스
출판등록일 2010년 11월 11일 | 제313-2010-333호
주소 07207 서울시 영등포구 양평로 157, 투웨니퍼스트밸리 801호
전화 02) 3141-7277 | 팩스 02) 3141-7278
홈페이지 http://www.hyunbooks.co.kr | 인스타그램 hyunbooks
ISBN 979-11-5741-269-3 73910

편집 전은남 유은경 | 디자인 박세정 이지연 | 마케팅 송유근 함지숙

ⓒ 김바다 2021

이 책은 저작권법에 의하여 보호를 받는 저작물이므로 무단 전재 및 복제를 금지하며,
이 책 내용의 전부 또는 일부를 이용하려면 반드시 저작권자와 현북스의 허락을 받아야 합니다.

⚠주의 종이에 베이거나 긁히지 않도록 조심하세요. 책 모서리가 날카로우니 던지거나 떨어뜨리지 마세요.

독립군이 된 부자들

이회영·이상룡·안희제·최준

글 김바다

머리말

나라를 위해 모든 것을 바친 진짜 부자들

"백성이 없으면 나라도 없다. 또한 나라가 없으면 백성들은 온갖 어려움을 겪을 수밖에 없다. 나라는 백성이 중요하고, 백성은 나라가 중요한 것이다. 부자도 마찬가지다. 토지가 있어도 소작인이 없으면 농사를 지을 수 없다. 농사를 짓지 못하면 부자도 있을 수 없는 것이다. 부를 잘 지키려면 소작인들이 잘살도록 해 주어야 한다."

동학 교주 최시형의 말입니다.
이 책에는 최시형의 말을 실천한 부자들 이야기가 실려 있습니다. 자신들이 가진 부를 더 많은 부를 이루기 위해 사용하지 않고 오로지 빼앗긴 나라를 되찾을 생각으로 나라 안에서, 혹은 나라 밖으로 나가서 한 푼도 남기지 않고 스스로 굶기까지 하면서 살아간 독립운동가 부자들 이야기입니다.

이회영 6형제는 나라를 일본에 빼앗기자 온 가족이 재산을 처분하여 멀고 먼 중국 땅 서간도로 가서 터를 잡고 독립군을 길러 내는 신흥무관학교를 세웁니다.

　이상룡 일가도 비슷한 시기에 얼어 죽을 각오, 굶어 죽을 각오, 맞아 죽을 각오를 하고 서간도로 가서 신흥무관학교에서 독립군 양성에 힘을 쏟습니다.

　이렇게 나라 밖으로 나간 두 집안이 있는가 하면, 나라 안에서 독립운동 자금을 대기 위해 밤낮으로 뛰어다닌 사람들도 있습니다.

　안희제는 백산상회를 세워 많은 돈을 벌어들여 대부분을 비밀리에 독립운동 자금으로 제공했습니다. 끊임없이 감시의 눈초리를 보내는 일본 경찰의 눈을 피해 작은 상회로부터 무역회사까지 키워 내면서 아낌없이 내놓은 돈은 독립운동가들이 활동하는 데 많은 도움을 주었습니다.

  경주 최 부자 집안은 돈만 많은 부자가 아닌 진짜 부자는 어떻게 부를 쌓아야 하고, 그 부를 어떻게 사회를 위해 돌려줘야 하는지 실천함으로써 모범을 보였습니다. 일본 제국주의 강점기에는 백산무역회사를 세워 독립 자금을 대고, 해방 후에는 집안 대대로 살던 종택까지 대학에 기증하고, 후손들에게 아무것도 물려주지 않아서 후손들은 현재 집 돌보는 일만 하면서 살고 있습니다.

  이 책에서 앞에 말한 네 집안의 삶을 살펴보면서 지금 우리가 살고 있는 이 시기의 부자들은 어떤지, 모두 행복한 세상은 어떤 세상인지 그려 보면 좋겠습니다.

2021년 10월 김바다

차례

머리말
나라를 위해 모든 것을 바친 진짜 부자　　4

나라 밖에서 독립군을 길러내다
우당 이회영　　9
석주 이상룡　　47
＊신흥무관학교　　80

나라 안에서 독립운동 자금을 대다
백산 안희제　　89
문파 최준　　127
＊백산상회　　154

동서 역사상에 국가가 망할 때 나라를 떠난 충신 의사가 수백 수천에 그치지 않는다. 그러나 우당 일가족처럼 6형제 가족 40여 명이 한마음으로 결의하고, 일제히 나라를 떠난 일은 전무후무하다.

장하다! 우당의 형제는 참으로 그 형에 그 동생이라 할 만하다. 6형제 절의는 참으로 백세청풍이 될 것이니, 우리 동포의 가장 좋은 모범이 되리라.

— 월남 이상재 선생이 이회영 집안의 망명을 두고 남긴 말

나라 밖에서 독립군을 길러내다

우당
이회영

삼한갑족, 명문대가의 후손

삼한갑족은 삼국 시대, 고려 시대, 조선 시대까지 높은 벼슬을 한 집안입니다. 또 명문대가는 부와 명예를 누려 온 집안입니다. 오늘날의 장관에 해당하는 판서가 여덟명, 그 가운데 여섯 명은 지금의 국무총리인 영의정, 한 명은 부총리인 좌의정을 지낸 집안이 있으니, 그야말로 삼한갑족, 명문대가입니다. 어느 집안일까요?

우당 이회영을 비롯해 건영, 석영, 철영, 시영, 호영 6형제 집안입니다. 6형제의 아버지 이유승은 이조 판서를 지냈습니다. 사람들은 이 집안을 참판 댁이라고 불렀습니다. 6형제는 백사 이항복의 10대손이기도 합니다.

백사 이항복은 선조의 신임을 받아 임진왜란과 정유재란을 겪을 당시 다섯 번이나 병조 판서에 올랐습니다. 전란이 끝난 뒤에는 전란의 상처를 수습한 공을 인정받아 좌의정, 영의정을 지내기도 했습니다. 이항복은 40년 동안 관직에 있으면서 일을 공정하게 처리한 것으로 유명했습니다.

6형제도 관직에 있었는데 이건영은 비서원 비서승으로 좌부승지, 우부승지를 지냈습니다. 이석영은 과거에 급제해서 호조 참판까지 지냈고, 이철영은 수원에 있는 융건릉(사도세자와 혜경궁 홍씨) 관리를 책임지는 참봉이었습니다. 이회영과 이호영은

백사 이항복

벼슬길에 나가지 않고 주사로 지냈습니다. 다섯째 이시영은 일찍 과거에 급제하여 여러 벼슬을 거쳤습니다. 대한제국에서는 외교부 교섭국장, 평안도 관찰사와 한성재판소 소장, 법부 민사국장, 고등 법원 판사 등 법부의 중요한 자리에 있었습니다.

다른 형제들은 1905년 일본이 한국의 외교권을 빼앗기 위하여 강제로 맺은 을사늑약이 체결된 즈음에 관직에서 모두 물러나고, 이시영만 몇 년 더 관직에 있었습니다. 이시영도 사직하려고 했는데 이회영이 나서서 말렸습니다.

고종 황제

고종 황제 곁에 믿을 만한 신하가 있어야 하고, 궁궐 소식을 전해 줄 누군가가 필요했기 때문입니다.

이회영 6형제는 현재 서울 명동성당 건너편 만 평 넘는 넓은 터에서 모여 살았습니다. 현재의 명동 땅값으로 계산해 보면 어마어마한 부자였다는 걸 알 수 있겠지요? 이 밖에도 개성, 파주 장단, 양주, 충주 땅까지 합치면 여의도보다 세 배 큰 땅을 가지고 있었습니다.

둘째 이석영은 고종 때 영의정을 지낸 아버지 사촌 이유원의 양자로 들어갔습니다. 이석영은 양아버지 재산을 물려받아 남양주 화도에서 아흔아홉 칸 집에서 살았습니다. 그리고 남양주에서 경성 동대문까지 오는데, 남의 땅을 밟지 않고 올 수 있을 정도로 넓은 땅을 소유하고 있었습니다. 당시 이석영은 대한제국에서 네 번째로 큰 부자였다고 합니다.

6형제 회의

　일본에 저항한 비밀 결사 단체 신민회는 1910년 봄 간부 회의에서 만주에 독립운동 기지를 건설하기로 했습니다. 그해 8월, 이회영은 신민회 동지인 이동녕, 장유순, 이관직과 한지 장사꾼으로 변장하여 만주 서간도를 둘러보러 떠났습니다. 만주는 단군이 처음 나라를 세운 땅이고, 고구려를 세웠던 옛 영토라 신민회 간부들이 의논해서 선택한 망명지였습니다.

　이회영과 동지들은 중국에 1천여 가구가 모여 살 터전을 마련해서 자급자족하고, 독립 전쟁에 나설 인재를 교육할 무관 학교 세울 장소를 보러 간 것입니다. 이회영이 동지들과 보름간 서간도 답사를 마치고 돌아오니 한일 병합 조약이 체결되어 나라가 일본에 넘어가 있었습니다. 대한제국이 망하고 일본의 식민지가 된 것입니다. 일흔두 명의 친일파 매국노들은 일본에 나라를 팔아먹고는 일본이 주는 작위를 받고 어마어마한 돈도 받았습니다.

　이회영은 서둘러 형제 회의를 소집했습니다. 우애가 두터웠던 6형제는 무슨 일이 생기거나 중요한 결정을 할 때는 늘 모여서 의논했습니다. 양자로 간 둘째 이석영도 형제 회의에 빠지지 않고 참석했습니다.
　"형님들, 아우님들! 국권을 일본에 빼앗기고 말았습니다."
　이회영은 고개를 떨구고 말을 잇지 못했습니다. 다른 형제들도 아무 말도 못 하고 한숨만 푹푹 내쉬었습니다.
　"세상 사람들은 우리 집안이 나라의 은혜를 입었고, 세상으로부터 받은 공덕도 당대 으뜸이라 말합니다. 지금 한반도의 산하가 왜적의 것이 되었습니다. 우리 형제가 당당한 호족 명문으로서 차라리 대의가 있는 곳에서 죽을지언정, 왜적 치하에서 노예가 되어 생명을 구차히 이어 간다

서간도로 떠나기 전 논의하는 이회영 집안 6형제

면 어찌 짐승과 다르다 하겠습니까?"

형제들은 모두 고개를 끄덕였습니다. 이회영은 만주 지도를 펼치고 말을 이어 갔습니다.

"우리 집안 식구 모두 서간도로 망명하는 것이 좋겠습니다. 그곳에서 동지들과 무관 학교를 세워서 독립군을 키웁시다. 왜적을 멸망시키고 나라를 되찾는 것이, 그 옛날 왜적과 싸우신 백사 공(이항복)의 후손 된 도리라고 생각합니다. 여러 형님과 아우님들은 제 뜻에 따라 주기 바랍니다."

이회영이 굳은 의지를 보이자 형제들은 "흠, 흠!" 하고 헛기침만 했습니다.

오랫동안 관직에 있던 이시영이 걱정스럽게 말했습니다.

"우리 가족이 한꺼번에 망명하면 일본 경찰이 눈치채지 않을까요?"

1907년 헤이그 특사 사건으로 일본의 체면이 깎이자, 이회영과 이시영에 대한 일본의 감시가 더욱 심해졌습니다. 망명이 탄로가 나면 이주 계획도, 무관 학교를 세우려는 계획도 허사로 돌아갈 수 있었습니다. 어떤 죄목을 씌워서라도 감금해 놓고 꼼짝 못 하게 할 것이기 때문이었습니다.

"그래서 식구들 설득하는 일부터 모든 일을 비밀스럽게 진행해야 합니다. 가속들에게도 단단히 당부해 둬야 하고요."

이회영은 망명을 위해 비밀 유지가 중요하다는 것을 거듭 강조했습니다.

"아우님은 망명 날짜를 언제로 잡고 있으신가? 중국 땅

이건영(1853~1940)

이석영(1855~1934)

이철영(1863~1925)

이회영(1867~1932)

이시영(1869~1953)

이호영(1885~1931?)

우당 6형제

에 가서 살 터전을 마련하고 무관 학교까지 세우려면 자금이 많이 필요할 것이네."

이석영은 침통한 표정으로 말했습니다. 처분해야 할 재산이 많고, 장손으로서 정리해야 할 일이 많아서 선뜻 대답할 수가 없었기 때문입니다. 또 중국 땅으로 망명하려면 기득권을 내려놓아야 하는 결단이 필요했습니다.

이회영은 서간도 답사 때 짜 둔 계획을 형제들에게 자세하게 설명했습니다.

"경성역에서 신의주역까지 기차를 타고 가서 압록강을 건너야 합니다. 일본이 짓밟은 땅에서 새해를 맞을 수는 없습니다. 올해 안에는 꼭 한반도를 떠나야 할 것 같습니다."

"그럼 시간이 별로 없네그려. 급하게 그것도 비밀스럽게 집과 토지를 처분하려면 제값을 받을 수 없을 것이네."

이회영보다 열네 살이나 많은 맏형 이건영은 집안의 장손으로서 더욱 결정하기가 쉽지 않았습니다. 수백 년 동안 조상 대대로 살아온 조국을 버리고, 집안 전체가 중국 땅으로 망명하는 것은 커다란 모험이었습니다.

"조선 왕조 공신 가문의 장손으로서 나라를 잃고 호의호식하며 살 수는 없다. 빼앗긴 나라를 되찾는 것이 조상의 은덕으로 살아온 우리 가문이 해야 할 일이다. 회영이 뜻이 장하구나. 나도 그 뜻을 따라 함께 가겠다."

맏형 이건영의 결정에 다른 형제들은 묵묵히 듣고만 있

었습니다. 방 안에는 오랫동안 침묵이 흘렀습니다. 망명은 쉬운 일이 아닙니다. 아늑하고 따뜻한 집을 버리고, 맨몸으로 폭풍우 휘몰아치는 들판으로 나서는 일입니다.

둘째 이석영도 나섰습니다.

"수백 년 동안 조선에서 은덕을 입은 공신의 자손으로서 나라를 되찾는 일을 모른 척할 수 있겠는가? 나도 회영이와 함께할 것이다."

이석영은 양자로 들어간 집안의 제사를 맡아 지내는 처지라 결정하기가 더욱 어려웠을 것입니다. 이회영은 첫째 형과 둘째 형의 결단에 감격했습니다.

셋째 형 이철영도 나섰습니다.

"나도 형님들과 운명을 함께하겠다."

"저도 형님의 결정에 따르겠습니다."

이어서 이시영과 이호영도 함께하겠다고 했습니다.

"형님들과 운명을 같이하겠습니다."

6형제는 모두 망명의 길을 선택했습니다.

모든 재산을 팔아 망명길에 오르다

 이회영과 형제들은 일제가 눈치채지 못하게 비밀리에 재산을 정리했습니다. 이회영 형제들은 갖고 있던 노비 문서를 없애고, 집안의 노비들을 해방시켜 주었습니다. 하지만 해방된 노비들은 떠나지 않고 망명길에 함께 했습니다.
 이석영은 1만여 석 곡식을 거둘 수 있는 논밭과 집을 헐값에 팔았습니다. 이회영이 살던 명동 집을 최남선에게 팔면서, 집안 대대로 내려오던 고서도 넘겨주었습니다.

서울 명동의 이회영 집터

이회영 형제들이 재산을 팔아 만든 돈은 약 40만 원이었습니다. 지금 가치로 따지면 자그마치 600억 원이 넘는 큰돈이었습니다. 제값을 받았다면 훨씬 큰돈이었을 것입니다.

이상재

민족 지도자 월남 이상재는 이회영 집안의 망명을 두고 다음과 같은 말을 남겼습니다.

동서 역사상에 국가가 망할 때 나라를 떠난 충신 의사가 수백 수천에 그치지 않는다. 그러나 우당 일가족처럼 6형제 가족 40여 명이 한마음으로 결의하고, 일제히 나라를 떠난 일은 전무후무하다.
장하다! 우당의 형제는 참으로 그 형에 그 동생이라 할 만하다. 6형제 절의는 참으로 백세청풍이 될 것이니, 우리 동포의 가장 좋은 모범이 되리라.

이상재의 말처럼 가족 40여 명이 모든 가산을 정리해서 망명하는 일은 정말 보기 드뭅니다.

이회영 일가는 1910년 12월 하순에 영하 20도를 오르내리는, 살을 에는 추위와 맞서며 망명의 길을 떠났습니다. 일가 40여 명과 해방시킨 노비 20여 명, 모두 60여 명이 떠나는 대행렬이었습니다.

기차로 신의주역에 닿아서 여관에서 하룻밤을 보낸 그들은 일본의 감시를 피하기 위해 새벽에 떠나야만 했습니다. 그리고 꽁꽁 언 얼음판 위에 눈이 쌓인 압록강을 미끄러지고 넘어지기를 반복하며 건너서 나라를 빼앗긴 경술국치의 해를 넘기기 직전인 1910년 12월 30일, 중국 땅에 도착했습니다.

남자들은 말을 타고, 여자들은 마차를 타고 갔지만, 뼛속까지 스며드는 추위를 견디기는 너무나 고통스러웠습니다. 마차 바닥에 담요를 깔고 이불을 뒤집어썼지만 추워서 이가 서로 부딪혀 딱딱 소리를 냈습니다. 대행렬이 이주하다 보니, 많은 인원이 묵을 만한 여관이 없을 때는 밤에도 쉬지 않고 달려야 했습니다.

  이회영 일가는 이러한 강행군 끝에 중국 땅 횡도촌에 도착해서 며칠 뒤에는 목적지인 삼원보로 갔습니다. 이회영이 동지들과 함께 만주를 돌아보고 점찍어 두었던 곳이었습니다. 1911년 2월 초순, 이회영 일가는 다시 10리쯤 더 들어가서 추씨 집성촌인 추가가라는 마을에서 짐을 풀었습니다.

  이회영은 집을 구하지 못해서 방 세 칸짜리 집을 얻어 두 가족이 함께 살았습니다. 넓고 좋은 집에 살다가 좁은 집에서 두 가족이 복작거리며 살아야 해서 고생이 심했습니다. 추가가는 첩첩산중에 있는 마을이라 주로 강냉이, 좁쌀, 콩 등 밭농사를 지었습니다. 이러하니 쌀은 늘 부족했고, 쌀밥을 먹기 어려웠습니다.

일본의 앞잡이로 오해받다

　서간도의 겨울 추위는 바깥에 잠깐 있어도 온몸이 얼어버릴 것처럼 매서웠습니다. 이회영 일가는 변변한 집을 구하지 못해 자주 이사를 해야 했습니다. 거기다 중국 사람들이 이회영 일가를 일본 앞잡이들이라고 경찰에 신고하여 군인과 순경 수백 명이 출동해서 짐을 샅샅이 뒤졌는데, 이상한 것을 찾아내지는 못했습니다. 주민들은 수십 명이 한꺼번에 말을 타고 이주해 온 조선인을, 만주를 점령하기 위해 선발대로 온 일본의 앞잡이로 오해한 것이었습니다.
　대장처럼 보이는 순경이 이회영에게 말했습니다.
　"너희 나라로 돌아가라!"
　이회영은 종이에 한자로 써서 보여 주었습니다.

　우리는 일본놈의 노예가 되기 싫어서 형네 집에 오듯이 중국에 찾아왔다. 조선과 중국은 형제 나라로 생명을 의지하러 왔는데 도로 가라고 하니 어느 곳으로 가리오.

 이 글을 본 대장이 이회영에게 악수를 청하고 계속 살도록 허락했다고 합니다. 군인과 순경이 떠난 뒤 주민들은 이회영 일가가 그곳에서 사는 것은 용납했지만, 그곳 가옥과 논밭을 사들이지는 못하게 했습니다. 또 생필품도 살 수가 없어 큰 곤란을 겪었습니다.
 이회영은 역시 가족과 함께 안동에서 망명해 온 이상룡과 대책을 의논하고 이회영과 이상룡의 막내 동생 이호영과 이봉희는 중화민국 대총통 위안스카이를 만나러 갔습니다. 위안스카이는 '총리교섭통상대신'으로 조선에 부임해 왔을 때, 이회영의 집안과 친분을 쌓았기 때문입니다. 두 사람은 이회영이 일본의 식민지배에 반대해서 독립운동하려고 망명한 사연을 적은 서신

위안스카이

을 들고 심양을 거쳐 북경으로 가서 위안스카이를 만났습니다.

위안스카이는 관리 후밍천을 보내 이회영 일가를 돕게 했습니다. 후밍천은 "추가가는 추씨가 오래전부터 대를 이어 사는 곳이라 토지를 사들이기가 어려울 테니, 통화현에서 100여 리 떨어진 곳에 있는 합니하에 터를 잡으라"고 권했습니다. 그리하여 이회영 일가는 합니하에서 땅을 사들이고 그곳에 정착했습니다. 또한 자리를 잡지 못한 동지들에게도 집과 토지를 마련해 주어 정착을 도왔습니다.

신흥무관학교를 설립, 운영하다

정착을 하고 나니 이제 무관 학교를 세워 젊은이들을 인재로 키우는 일이 급했습니다. 추가가에서 옥수수 창고를 빌려 신흥강습소를 열고, 아쉬운 대로 학생들을 받아서 교육했습니다. 이를 안타깝게 생각한 이석영은 청년들이 공부할 학교가 급하다며 서둘러 합니하에 땅을 사서 학교 신축 공사를 시작했습니다. 합니하는 지형이 험하고 푹 꺼져서 가까이 들어오지 않으면 보이지 않아 독립군 기지로서 최적의 요새였습니다.

이듬해 5월, 건물이 완성되자 이름을 신흥중학으로 바꾸고 학생들에게 본격적인 교육과 훈련을 시켰습니다. 소문을 듣고 만주 지역 청년들과 한반도를 떠나 독립운동을 하려는 사람들이 모여들었습니다. 그래서 여러 지역에 분교를 지었습니다.

1911년 신흥강습소로 처음 문을 연 이래, 신흥중학으로 이름을 바꾸고 1919년까지 1,500여 명의 독립군을 배출했습니다. 1919년, 다시 신흥무관학교로 이름을 바꾸고 1920년 일본에 의해 폐교될 때까지 본교와 분교에서 배출한 독립군만 2,000여 명이었습니다. 신흥무관학교 출신 교관들은 만주 지역과 중국 내에서 항일 독립운동을 하는 핵심 인물이 되었습니다.

신흥무관학교에서 10년 동안 길러 낸 독립군이 없었다면 독립운동의 역사는 지금보다 훨씬 평가가 낮았을 것입니다. 또 이회영 형제들과 이상룡, 이동녕, 김대락, 김동삼 등 많은 독립운동가들이 몸을 아끼지 않고, 재산을 팔아 자금을 댄 것도 큰 영향을 주었습니다. 특히 조선의 이름난 부자였던 이회영의 둘째 형인 이석영은 큰 재산을 내놓아서 신흥무관학교를 세우고 운영하는 데 큰 역할을 했습니다.

암살의 위협을 받다

1913년 봄에 일본 경찰 조직에 있는 첩보원으로부터 연락이 왔습니다. 삼원보 기지와 신흥중학을 운영하는 이회영, 이동녕, 장유순 등을 암살하려는 일본 비밀경찰대가 온다는 내용이었습니다.

"우당 선생님은 오랜 벗인 이상설 선생님이 계시는 블라디보스토크로 피하십시오. 일본 경찰이 러시아 땅까지 가지는 않을 것입니다."

이동녕과 다른 동지들이 이회영에게 몸을 숨기라고 권했습니다.

"저는 경성에 가서 군자금을 좀 모아 오겠습니다."

이회영 말에 동지들은 모두 놀랐습니다.

이동녕이 눈이 동그래져서 물었습니다.

"우당 선생님, 지금 경성에 가신다는 말씀이십니까?"

"여러분은 블라디보스토크에 가서 몸을 숨기세요. 전 꽉 막힌 독립 자금줄을 열어 보겠습니다."

동지들이 놀란 눈으로 이회영을 쳐다보았습니다.

장유순도 걱정스럽게 말했습니다.

"우당 선생님, 일본 비밀경찰이 우리를 죽이러 오고 있습니다. 경성에 가면 바로 체포되십니다."

"신민회 조직이 무너지면서, 보내 주기로 한 군자금이 끊겨 버렸습니다. 신흥중학이 얼마나 더 버틸지 알 수 없습니다. 경성에 가서 군자금을 모아 와야 합니다."

이회영 말에 동지들은 할 말을 잃었습니다. 신흥중학은 이제 더 이상 이회영 형제들의 재산에 기댈 수가 없게 되었습니다.

이동녕이 놀란 표정을 지으며 말했습니다.

"우당 선생님은 온몸이 쓸개 덩어리이신가 봅니다."

흔히 겁 없고 용감한 사람들을 쓸개가 크다고 하는데 이회영이 그랬던 것입니다.

경성에서 활동하던 이회영은 '1917년 3월 2일 이상설 블라디보스토크에서 세상을 떠남'이라는 내용의 편지를 받았습니다.

"보재(이상설의 호), 우째 그리 빨리 떠나셨소?"

이상설은 어릴 적부터 함께 공부한 벗이자 동지였어요.

고종 망명을 기획하다

이회영은 오랜 동지가 죽었다는 소식을 듣고 슬퍼하고 있을 수만 없었습니다. 독립운동에 새로운 길이 필요하다는 생각을 했습니다. 흩어지는 동지들의 힘을 모으려면 구

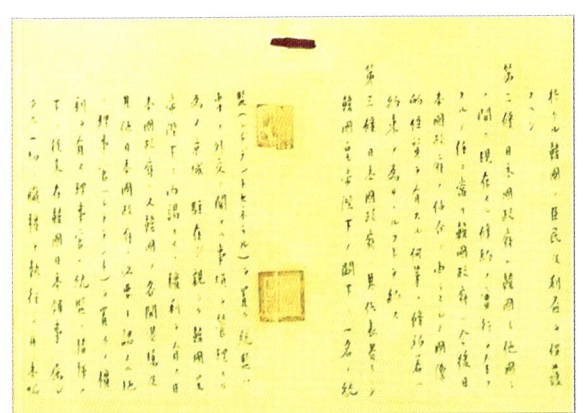

외무대신 박재순과 일본 특명전권공사 하야시 곤스케가 서명한 을사늑약

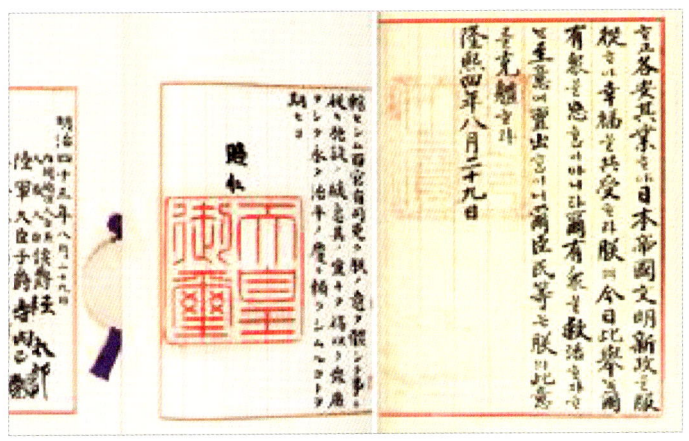

한일병합 문서[일본 조서(왼쪽), 대한제국 조서(오른쪽)]
일본 측 조서(왼쪽)에는 일왕이 국새(天皇御璽)를 찍고 '무쓰히토(睦仁)'란 이름을 서명한 것이 드러나 있다. 반면 우리 측 조서(오른쪽)에는 국새가 찍혀 있지 않고 순종황제의 서명도 되어 있지 않다. 대신 행정적 결재에만 쓰는 '칙명지보(勅命之寶)'란 어새가 찍혀 있다.[이태진, 한일 병합 무효 입증할 일본 조서 첫 공개(매일 경제 2010.8.11)]

심점이 필요했습니다.

"그래, 고종 황제의 망명을 도와서 독립운동의 선봉에 세우면 되겠다. 그러면 국제사회에서도 관심을 갖고 협력할 것이다."

이회영은 망명을 결심하며 굳은 신념을 가졌습니다. 독립운동으로 나라를 되찾는다면 그 나라는 황제가 다스리는 '제국'이 아니라 백성이 주인이 되는 '민주공화국'이어야 한다는 생각이었습니다. 고종 망명 계획에도 제국을 부활시키겠다는 뜻이 아니라 백성들의 독립 의지를 되살리겠다는 뜻이 담겨 있었습니다.

이회영은 조정구를 만나러 갔습니다. 조정구는 1910년 8월 29일 한일병합조약이 맺어지던 날, 이완용이 순종에게 올리려던 조서를 찢어 병합을 막으려다 실패한 사람입니다. 그러고는 한일 병합을 막지 못한 죄책감에 두 번이나 자살을 시도했지요.

조정구는 이회영의 손을 맞잡고 눈물을 흘렸습니다.

"우당, 이 위험한 경성에 어떻게 오셨습니까?"

"독립 자금을 마련하러 몇 해 전에 왔습니다. 오늘 찾아온 것은 아이들 혼사 때문입니다. 공의 따님을 제 아들과 혼사를 시키면 어떻겠습니까?"

"좋습니다. 제 딸도 좋아할 겁니다."

조정구는 오랜만에 만난 이회영이 혼사 이야기를 해서 놀라긴 했지만, 흔쾌히 받아들였습니다. 이회영의 아들 규학을 어릴 때부터 잘 알기 때문이었습니다.

"그리고 또 하나 드릴 말씀이 있습니다. 고종 황제에게 북경으로 망명하실 계획을 세웠다고 좀 말씀드려주세요."

이회영은 고종 황제의 망명 계획을 조정구에게 자세하게 설명했습니다. 며칠 뒤 고종 황제가 이회영의 계획에 따르겠다는 뜻을 전해 왔습니다. 이회영은 북경에 있는 이시영에게 돈을 보내 고종 황제가 머물 건물을 빌리라고 했습니다.

고종 황제의 망명을 비밀스럽게 준비하던 이회영은 다음 해인 1919년 1월 27일, 고종 황제가 뇌일혈로 승하했다는 소식을 듣고 크게 낙망했습니다. 고종 황제는 1월 20일에 뇌일혈로 승하했는데 조선총독부가 일주일 뒤에 발표한 것입니다. 이회영을 비롯한 대부분의 사람들이 총독부의 발표를 믿지 못했습니다. 일본에 매수된 궁인이 독이 든 식혜를 고종 황제에게 밤참으로 올려 고종 황제가 그 식혜를 먹고 독살되었다는 소문이 퍼졌기 때문입니다.

고종의 승하 소식을 듣고 깊은 절망감에 빠진 이회영은 경성에 더 있을 필요가 없어서 1919년 33인과 함께 '독립선언서'를 완성하고 첫째 아들 규룡(후에 이회영의 첫째 형 이건영에게 양자로 보냄)이를 데리고 급히 북경으로 돌아갔습니다.

북경으로 옮겨 독립운동을 하다

이회영은 북경에 집을 얻어 독립운동가들 연락소로 사용해야겠다고 생각했습니다. 북경은 중국의 수도이고 대도시이기에 일본의 감시가 느슨해서 활동하기 자유롭기 때문이었습니다.

고종 황제의 장례식 날짜가 3월 3일로 정해졌습니다. 장례식이 다가오자 백성들의 슬픔과 분노가 치솟기 시작했습니다. 3월 1일, 민족 대표 33인이 '독립 선언서'를 낭독하자 전국에서 백성들이 태극기를 높이 들고 뛰쳐나왔습니다. 이회영이 고종 황제를 망명을 통해 지피려던 독립운동에 대한 의지의 불길이 고종의 승하를 계기로 일어난 것입니다.

3·1 만세 운동 후 일본 경찰을 피해 독립운동가들이 상

고종 황제 장례식

해로 모여들었습니다. 독립운동가들은 임시정부 수립을 준비했습니다. 상해는 중국 양쯔강과 태평양이 만나는 항구 도시로 국제 교역이 활발하게 이뤄지고 있었습니다. 그래서 자연스럽게 전 세계 기업인과 외교관이 모여드는 국제도시가 되었습니다.

이회영은 임시정부 수립보다는 독립운동을 위한 총본부 설치가 우선이라고 주장했습니다.

"지시하고 명령하는 권력 기관이 아니라 일하는 조직이 필요하오."

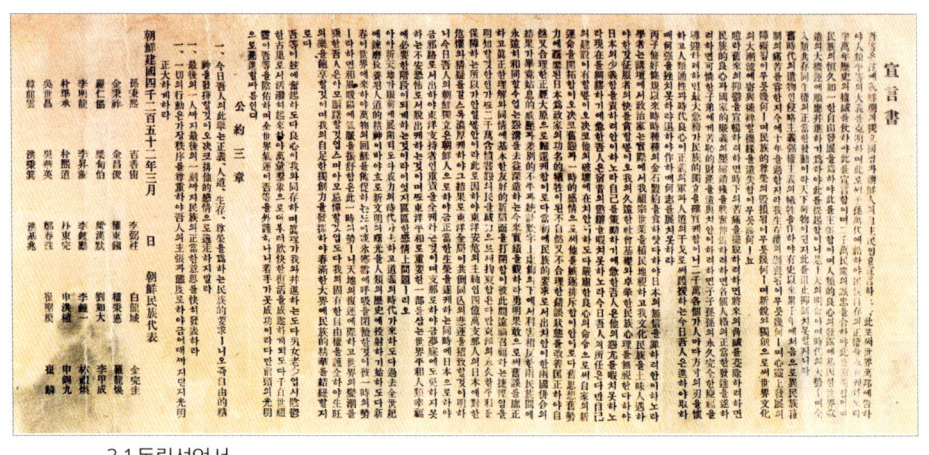

3·1 독립선언서

그러나 이회영의 주장에 관심을 갖는 독립운동가는 없고, 권력을 쥐려는 독립운동가만 많았습니다.

"독립하는 그날을 대비해서 하루빨리 정부를 수립해야 합니다."

이회영은 상해를 떠나 북경으로 활동 무대를 옮겼습니다. 이때 신채호와 김창숙, 김원봉도 함께 갔습니다. 동생 이시영은 상해에 남아서 임시정부 수립에 참여했습니다.

이회영의 집에는 국내와 만주, 상해에서 활동하는 독립운동가들이 수시로 찾아왔습니다. 김규식, 안창호, 조소앙, 김창숙 같은 민족주의자들과 공산주의자, 아나키스트, 의열 독립군과 문인들이 모여들었습니다. 이회영의 집은 다양한 사람들이 모여서 교류하고, 앞으로 활동 방향을 토론하는 독립운동의 설계실이 되었습니다.

많은 사람이 모여들다 보니 먹이고 재우는 일이 큰일이었습니다. 찾아온 독립운동가들을 대접하는 데 돈이 많이 들어간 것입니다. 손님들은 이회영이 부자라서 돈이 많은 줄 알았지만, 이회영 가족은 끼니를 거르기 일쑤였고 추워도 방에 불을 때지 못하고 지낼 때가 많았습니다. 손님들은 꿈에도 몰랐지만, 이회영 아내 이은숙은 중국 상점에서 외상으로 곡식과 찬거리를 사 와 손님들을 대접했습니다.

하지만 외상을 갚지 못하자 중국 상점에서는 더 이상 외상으로 주지 않았습니다. 이회영은 옷을 전당포에 맡기고 돈을 마련하기도 하고, 난을 쳐서 팔아 돈을 마련하기도 했습니다. 대원군이 친 난 그림과 비슷해서 인기가 많았다고 합니다.

아들 규창과 딸 규숙은 중국 상점에 심부름 갔다가 욕을 얻어먹기도 했습니다.

"맨날 외상으로 달라면 어떡하니? 돈 갖고 와서 사 가라, 고려 거지들아!"

아이들은 때론 나무 막대기로 얻어맞기도 했습니다.

견디다 못한 이회영은 더 싼 집으로 이사 갔습니다. 아내 이은숙은 독립 자금을 마련하러 고국으로 돌아갔습니다.

1927년 겨울, 어느날 김창숙이 북경 가는 길에 이회영의 집에 들렀습니다.

"우당 선생님, 안에 계십니까?"

큰 소리로 불러도 방에서는 대답이 없었습니다.

"우당 선생님, 계십니까? 대답 좀 해 보십시오."

김창숙

외출을 잘 하지 않는 이회영이었으므로, 김창숙은 당연히 이회영이 안에 있을 것이라고 믿었습니다. 이회영이 없으면 아이들이라도 있을 것이라 생각했습니다. 김창숙이 방문을 열었더니 방 안에는 누더기 같은 이불에 사람들이 누워 있었습니다.

"우당 선생님!"

김창숙이 이회영을 부르자 그제야 이회영과 아이들이 힘없이 일어났습니다.

이회영은 고개를 돌리고 물었습니다.

"심산 아니신가? 어쩐 일로 오셨나?"

"선생님, 안색이 안 좋으신데 어디 편찮으십니까? 약은 드셨습니까?"

이회영은 허름한 속옷 바람이었습니다. 옆에 앉은 규창, 규숙, 현숙도 창백한 얼굴에 속옷 바람이긴 마찬가지였습니다.

"아프긴? 우리가 낮잠을 너무 깊이 잤나 보군. 얼굴이라도 씻고 오겠네."

이회영이 나가자 김창숙이 아이들에게 물었습니다.

"규창아, 대체 무슨 일이 있었던 게냐?"

규창은 힘없이 고개를 저으며 말했습니다.

"아무 일 없었습니다."

김창숙은 의심이 들었습니다.

"선생님도 그렇고, 너희도 모두 힘이 없어 보이는구나. 대낮에 이불 덮고 자는 것도 이상하고."

"사흘째 아무것도 못 먹었습니다. 중국 상점들도 이젠 외상을 주지 않습니다. 겉옷을 전당포에 맡기고, 그 돈으로 식량을 사 먹었었는데 이제 맡길 물건이 없어서⋯⋯. 기운이 없어서 그만 잠이 들었나 봅니다."

 김창숙은 기가 차고 어이가 없었습니다. 삼한갑족 명문 대가의 이회영 선생과 자녀들이 사흘을 굶고 누워 있었다는 사실을 믿을 수가 없었습니다. 김창숙은 그길로 전당포에 가서 자신이 가진 돈으로 옷을 찾고, 식량과 찬거리, 땔감을 사 왔습니다.

 이회영은 한참 동안 고개를 숙이고 있었습니다.

 "심산, 내가 이런 꼴을 보여서 면목이 없네."

 그날 모처럼 집 안에 밥 냄새가 퍼지고, 방바닥이 온기를 내뿜었습니다. 세 아이는 모처럼 굶주린 배를 채워 창백했던 얼굴에 화색이 돌았습니다.

이회영 형제의 삶과 독립

 1910년 12월, 한일병합조약으로 일본 식민지가 된 조국을 떠나 중국으로 망명했던 6형제 가운데, 1945년 해방을 맞아 고국 땅을 밟은 이는 이시영뿐이었고, 같이 떠난 일가 40여 명 중 돌아온 이는 25명뿐이었습니다.

첫째 이건영은 만주에서 형제들과 함께 독립운동하다가 얻은 질병으로 세상을 떠났습니다.
둘째 이석영은 신흥무관학교 운영 자금 대부분을 댔지만, 중국 상해 빈민가에서 국수와 두부를 만들고 남은 찌꺼기로 연명하다가 굶어 죽었습니다.
셋째 이철영도 만주에서 독립운동하다가 해방을 보지 못하고 풍토병으로 죽었습니다.
넷째인 이회영은 만주국 요인을 암살하려는 마지막 임무를 띠고 상해에서 대련행 여객선을 탔는데, 대련에 도착하여 배에서 내리자마자 대련 경찰에 체포되어 여순 감옥에 갇혔습니다. 그리고 거기서 조사받으면서 끔찍한 고문을 당해 세상을 떠났습니다.
막내인 이호영은 북경에서 독립운동하다가 일본군의 습격을 받아 가족이 몰살 당했습니다.

해방 후 귀국 전 기념사진을 찍으며 눈물을 훔치는 이시영(동그라미 안)

다섯째 이시영은 1919년 4월, 상해 임시정부가 수립되자 법무총장, 재무총장을 거쳐 1929년 한국독립당 초대 감찰위원장을 맡아 광복 직전까지 임시정부의 핵심 역할을 했습니다.

1945년 11월 23일, 이시영은 임시정부 요인 제1진으로 최후의 대한민국임시정부가 자리 잡았던 중경을 출발해서 상해를 거쳐 귀국했습니다.

칠순이 되어 해방된 조국에 돌아온 이시영은 해방된 조

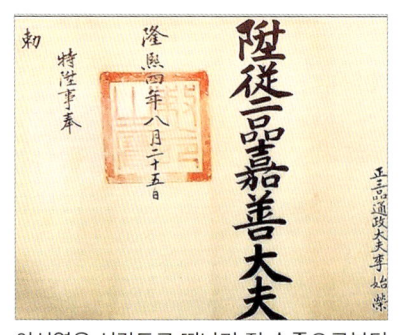

이시영은 서간도로 떠나기 전 순종으로부터 종2품 가선대부로 품계를 올린다는 칙서를 받았지만 서간도행에 걸림돌은 될 수 없었다.

국 땅을 밟지 못하고 세상을 떠난 형제들을 생각하며 안타까움에 눈물을 흘렸습니다.

1948년 7월 20일, 제헌국회에서 실시한 정·부통령 선거에서 이시영은 대한민국 초대 부통령으로 당선되어 새로운 대한민국 건설에 이바지하고자 했습니다. 1950년 6월 25일, 한국전쟁이 일어나자 부산으로 피난 갔습니다. 1951년 5월 9일, 국민방위군 사건을 지켜보면서 이승만 정부에 실망하여 국정 혼란과 사회 부패상에 대한 책임을 통감한다는 내용의 성명을 내고 부통령직을 내놓았습니다. 다음 해인 1952년 8월 5일 시행된 제2대 대통령선거에 야당인 민주국민당 후보로 출마하였으나 떨어졌습니다.

이시영은 신흥초급대학(지금의 경희대학교)을 설립해서 교육에 힘쓰다 1953년에 세상을 떠났습니다.

이회영 가문의 독립운동가들

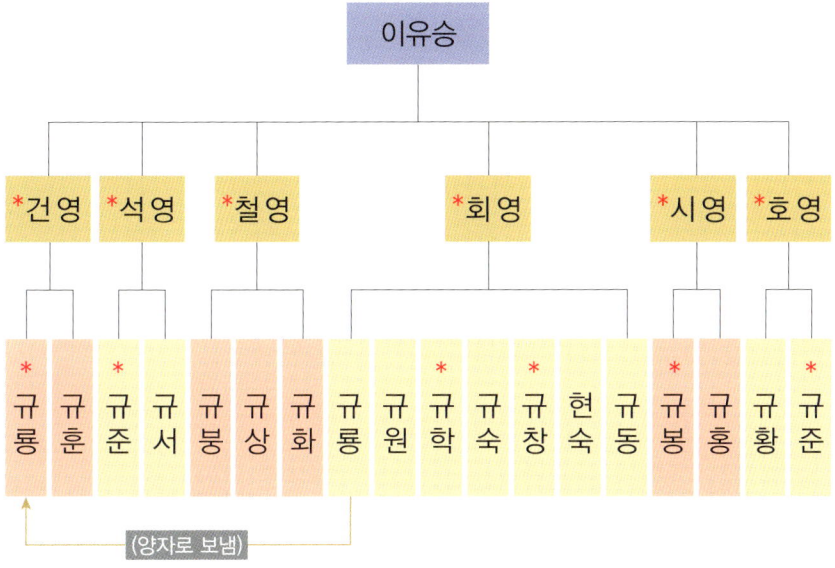

*표시는 독립유공자

· 이은숙(이회영 부인) 건국훈장 애족장
· 장해평(이회영 딸 규숙의 남편) 건국훈장 독립장.

더없이 소중한 삼천리 우리 산하여

오백 년 동안 문화를 꽃피웠네.

문명이 무엇이기에 노련한 적을 불러들였나

괜히 꿈에 취해 온전한 나라 던져 버렸네.

이 땅에 그물이 쳐진 것을 보고

어찌 사내가 제 일신 아끼는 일 있으랴.

고향 동산이여 슬퍼하지 말고 잘 있거라

태평성세 되거든 다시 돌아오리라.

– 이상룡 선생이 고국을 두고 떠나는 마음을 담은 시 〈거국음〉

나라 밖에서 독립군을 길러내다

석주
이상룡

협동학교와 의병 활동

석주 이상룡이 내앞마을에 사는 큰 처남 김대락을 찾아왔습니다.

"형님, 제 조카 운형, 문형이도 협동학교에 입학했습니다. 고종 황제도 서원에 근대식 학교를 세우라고 하셨고요. 유인식, 김후병, 하중환이 협동학교를 세워 학생들에게 신교육을 시킨다고 합니다."

김대락은 안동의 유림들과 마찬가지로 신교육을 위해 협동학교 세우는 것을 반대하고 있었습니다.

"흠! 석주, 자네까지 조카를 협동학교에 보내 신교육을 시키시는가?"

이상룡은 김대락에게 안동 유림들이 신교육을 반대하지 않게 해 달라고 설득했습니다.

"을사늑약으로 나라가 외교권을 빼앗겼습니다. 나라를 구하겠다고 젊은 청년들이 나섰으니 형님과 제가 도와줘야지요. 형님도 이제 그만 반대를 거두시고 협동학교 설립

협동학교 설립 취지문(황성신문 1908.9.27.)
'서양의 과학 문명이 세계를 휩쓸고, 열강들의 각축이 커다란 변화를 몰고 오는 이 시기에, 과거부터 인물을 많이 배출한 안동이 새 시대를 방관하면 되겠습니까? 늦었지만 일어나 학교를 세워 새로운 인재를 길러 새 시대를 맞이하자'라는 내용이다.

에 힘을 실어 주세요."

"석주, 다른 유림들 반대가 너무 심하단 말이오."

김대락은 며칠 전보다는 많이 누그러져 있었습니다.

"형님께서 유림들을 설득해 주십시오. 세상이 변하고 있으니, 우리 자식들에게 신학문을 가르쳐서 나라 구할 인재를 길러 내야 합니다."

강하게 반대하던 김대락도 이상룡의 조카가 협동학교에 입학했다는 말에 많이 누그러졌으며, 마침내 자신의 아들

김형식도 입학시켰습니다.

협동학교(1907년 3년제 중등교육기관으로 개교)에서는 수신, 국어, 역사, 물리, 화학 등 17개 과목을 가르쳤습니다. 신학문을 배우고 자란 학생이 바른 정치를 펼 수 있다고 생각한 협동학교 교장 유인식은 국제 정세를 인식하고, 서양의 근대적 학문과 기술을 받아들여 구국과 계몽 운동을 펼쳐야 한다고 주장했습니다.

신학문 교육을 강하게 반대하던 김대락은 이제 협동학교를 수리할 때 사랑채를 내어 주기도 했습니다. 그리고 집앞 공터에 기숙사도 짓게 해 주었습니다.

1910년 나라를 일본에 빼앗기자 협동학교 교사와 계몽 교육 운동을 주도하던 혁신 유림들은 대부분 만주로 망명했습니다. 김대락도 일가를 이끌고 이상룡보다 먼저 안동을 떠났습니다.

협동학교 재학생들과 졸업생들은 3·1 만세 운동에 대거 참여했습니다. 그러자 일본은 협동학교를 강제로 문 닫게 했습니다.

이상룡은 비밀리에 안동 지역 의병 활동도 했는데, 가야산에 의병 진지를 만들어 의병을 훈련할 수 있게 지원한 것도 그중 하나였습니다.

  이상룡과 박경종, 이수홍이 군자금을 모아서 가야산에 진지를 만들고, 의병들이 훈련에 들어간 지 얼마 되지 않았을 때의 일입니다.

  "아버님, 가야산 차성충 의병 진지가 일본군 기습을 받았다고 합니다. 제대로 싸워 보지도 못하고 많은 의병이 목숨을 잃고, 수많은 무기와 군수품도 빼앗겼다고 합니다."

  장남 이준형의 침통한 보고에 이상룡은 길게 탄식했습니다.

  "아이고, 이를 어쩌나? 훈련도 안 된 의병들이 꼼짝없이 일본군에게 당하고 말았구나."

  1908년 7월 초순에는 또 다른 비보가 날아들었습니다.

  "아버님, 이강년 의병장이 일본군에 체포되었다고 합니다."

  "경상북도와 충청북도에서 일본군 세력을 꺾은 이 의병

장까지……."

그해 11월에는 '태백산의 호랑이'로 이름을 날리던 신돌석 의병장의 비보까지 날아들었습니다.

"신돌석 의병장과 의병들도 몰살되었다고 합니다."

이상룡은 의병 활동의 실패 소식을 듣고 근심이 깊어졌습니다.

1909년 2월, 이상룡은 의병들과 연락했다는 죄목으로 안동경찰서에 갇혔습니다. 일본 경찰의 고문이 이어졌습니다.

"누구와 무슨 음모를 꾸미고 있었소? 어서 말하시오."

이상룡은 입을 꾹 다물고 비명 소리도 내지 않았습니다.

일본 경찰은 이상룡에게서 아무 이야기를 듣지 못하자 더욱 모질게 고문했습니다.

"석주 어르신은 잘못이 없으십니다. 어르신을 풀어 주시오!"

안동 군민들이 안동경찰서 앞으로 몰려가서 이상룡의

억울함을 호소하며 통곡하고 반발이 거세지자 일본 경찰은 마지못해 이상룡을 석방했습니다.

바른 길, 독립운동의 길

　석주 이상룡은 1858년 12월 28일 유림의 도시 안동에서 고성 이씨 승목과 안동 권씨의 장남으로 태어났습니다. 18대조 할아버지 이명이 1519년에 지은 아흔아홉 칸 임청각에서, 우렁찬 목소리로 세상에 온 것을 알렸습니다. 어릴 때 이름은 상희였고 호는 석주였습니다.

　1361년, 홍건적이 고려로 쳐들어와서 공민왕이 안동(당시 복주)으로 피난을 왔을 때, 이상룡의 21대조 문하시중 이암은 공민왕을 잘 호위한 공로로 1등 공신 칠성부원군으로 봉해졌습니다. 그때 받은 재산이 늘어나서 이상룡 집안은 대대로 큰 부자로 살게 되었습니다.

1910년 8월 29일, 나라의 주권을 일본에 빼앗겼다는 소식을 듣고, 이상룡 사돈 이만도가 곡기를 끊고 자결했습니다. 뒤를 이어 이만도의 조카 이중언도 식음을 전폐하고 세상을 떠났습니다.

이상룡은 수많은 의병장과 의병, 우국지사들이 목숨을 버리는 것을 보고, 하늘을 쳐다볼 수 없어서 집 밖에 나가지 않았습니다. 이상룡은 차마 자결은 선택할 수 없었습니다. 집안의 장남으로서 책임감 때문이었습니다. 이상룡은 '죽음만이 바른 길인가'에 대한 깊은 고민에 빠졌습니다.

그때 신민회 회원이자 협동학교 교사인 김동삼과 이관직이 서간도에 독립군 기지를 건설하기 위해 단체로 이주할 망명자를 비밀리에 모집한다는 소식을 갖고 찾아왔습니다.

"백 번 꺾여도 좌절하지 않을 뜻으로 단군 성조의 영토, 고구려 강역 만주로 옮겨 가서 독립운동을 펴리라!"

이상룡은 굳은 결심을 하고 김대락을 찾아가서 단체 이주에 대해 자세하게 의논한 끝에 다음 해 1월에 이주하기로 약속했습니다.

　이상룡은 서둘러 논과 밭을 팔기 시작했습니다. 그리하여 선산 아랫마을 도곡 땅을 비롯한 토지를 모두 팔아 현재 가치로 약 400억 원쯤 되는 큰돈을 만들었습니다.
　이상룡은 집안 노비들을 모두 마당에 불러 모아 말했습니다.
"이 문서는 지금 이 자리에서 불태울 것이므로, 세상에서 없어질 것이다!"
　이상룡은 큰 소리로 말하고 나서 노비 문서를 불태워 버렸습니다. 마당에 모여 있던 노비들이 감격해서 눈물을 흘렸습니다.
"나으리, 정말 고맙습니다."
"대한의 독립을 위해 힘을 보태어 줄 것을 부탁한다."
"네, 당연히 그리해야지요."
　노비들은 모두 그러겠다고 약속했습니다.
　이상룡은 사당에 모셔 놓고 제사 지내던 조상들 신주도

땅에 묻었습니다.

"조상님들, 못난 후손을 용서해 주십시오. 일본에 나라를 빼앗기고 만주로 나라 되찾으러 갑니다. 나라를 찾으면 돌아와서 다시 사당에 모시겠습니다."

이상룡과 가족들은 소리 없이 눈물을 흘렸습니다.

직접 설립해서 운영해 오던 도동서숙의 유생들도 불러 모아 작별 인사를 나누고 다음과 같이 부탁했습니다.

"제군들은 정신을 보존하고, 부지런히 학업에 힘쓰라!"

며칠 뒤 이상룡은 간단한 행장을 꾸려 집을 나서며 고국을 두고 떠나는 자신의 마음을 오롯이 담은 시 〈거국음〉을 짓고 읊었습니다.

더없이 소중한 삼천리 우리 산하여
오백 년 동안 문화를 꽃피웠네.
문명이 무엇이기에 노련한 적을 불러들였나
괜히 꿈에 취해 온전한 나라 던져 버렸네.

이 땅에 그물이 쳐진 것을 보고

어찌 사내가 제 일신 아끼는 일 있으랴.

고향 동산이여 슬퍼하지 말고 잘 있거라

태평성세 되거든 다시 돌아오리라.

　이상룡은 태평성세 되거든 다시 돌아오겠다고 약속했지만 결국 살아서 돌아오지 못했습니다.
　"지금껏 살던 땅을 버리고 만주로 이주하려면 세 가지를 각오해야만 한다. 첫째가 얼어 죽을 각오요, 둘째가 굶어 죽을 각오요, 셋째가 맞아 죽을 각오다."
　이상룡은 시를 읊고는 다시 한번 각오를 다졌습니다. 혼자서 가는 것이 아니라 일가를 이끌고 가는 망명이라 마음이 천근만근 무거웠습니다. 일본 경찰의 눈을 피해 저녁에 식구들과 인사를 나누고 이상룡이 먼저 길을 떠났습니다. 함께 움직이면 꼬투리를 잡아 또 구치소로 보낼지 몰랐기 때문입니다.

이상룡은 추풍령에서 기차를 타고 경성역에 내렸습니다. 이상룡이 경성에 도착했다는 소식을 듣고 신민회 간부인 양기탁이 달려왔습니다. 양기탁은 이상룡에게 서간도에 가는 방법을 자세하게 알려 주었습니다.

신의주에 도착한 이상룡은 식구들이 오기를 기다렸습니다. 2월 18일에 출발한다는 전보를 받았으니 6일쯤 뒤면 도착할 것이라고 생각했던 것입니다. 엿새째 되는 날, 이상룡은 등불을 들고 역으로 마중 나갔습니다. 깊은 밤에 식구들이 일본 경찰의 감시를 피해 무사히 도착했습니다. 이준형이 앞장서고, 뒤에는 이봉희(막내 아우) 부자가 따라왔습니다.

"먼 길 오느라 수고들 많았습니다. 일단 여관으로 갑시다."

이상룡의 발걸음이 날아오를 듯이 가벼웠습니다. 20여 일 만에 만난 식구들은 압록강 너머에서 펼쳐질 세상에 대한 두려움은 잠깐 잊고 회포를 풀었습니다.

신흥무관학교 설립과 교육

이상룡 일가는 안동을 떠난 지 석 달 만에 통화현 영춘원에 도착했습니다. 먼저 와서 정착한 경성의 이시영, 이동녕이 마중을 나왔습니다.

"석주 어르신, 오시느라 고생 많으셨습니다."

이시영이 이상룡의 손을 잡고 반갑게 맞아 주었습니다.

"나라 잃은 사람이 어찌 고생스럽다 하겠습니까?"

이상룡의 담담한 대답에 모두 할 말을 잊었습니다.

이동녕도 이상룡을 반가이 맞이했습니다.

"석주 어르신이 무사히 도착하셔서 다행입니다."

마을은 드문드문 떨어져 있었고, 허름한 집들은 궁핍한 살림살이를 말해 주고 있었습니다. 이상룡 일가는 허름한 빈집을 빌려 짐을 풀었습니다.

김대락, 이상룡 등의 일가가 탄 수레가 며칠째 줄을 이어 들어오자 중국 사람들은 깜짝 놀랐습니다. "조선의 황자가 왔다"는 풍문까지 돌았습니다. 청나라 관리는 군사를 파견하여, 가옥을 빌려 주지 못하도록 했습니다. 살 집이 없어 많은 사람들이 산과 들에서 노숙하다 풍토병에 걸려 죽기도 했습니다. 일본 제국주의를 피해 머나먼 길을 떠나 겨우 자리 잡나 했는데, 힘없이 죽다니 너무 슬펐습니다.

이상룡은 중국인의 경계심을 풀기 위해 머리와 복장을 중국인처럼 바꾸자 어떤 한인이 편지를 보내어 이상룡을 비난했습니다. 그러자 이상룡은 이렇게 반박했습니다.

"머리카락은 몸의 일부분일 뿐이고, 옷은 바깥 꾸밈일 뿐이니, 큰일을 하려는 자가 자잘한 것에 얽매여서야 되겠습니까?"

또 어학 강습소를 설립하여 이주 한인들이 되도록 빨리 의사소통할 수 있도록 중국 말을 배우게 했습니다.

1911년 봄, 이상룡과 이주 한인 300여 명은 대고산에 올라서 노천 군중대회를 열어 임시 의장에 이동녕을 선출하고 5개 항을 의결했습니다.

첫째, 민단 자치 기관의 성격을 띤 경학사를 조직한다.

둘째, 전통 도의에 입각한 질서와 풍기를 확립한다.

셋째, 모두에게 농사짓기를 장려해서 생계 방도를 세운다.

넷째, 학교를 설립하여 주경야독의 신념을 고취한다.

다섯째, 기성 군인과 군관을 재훈련하여 기간 장교로 삼고, 애국 청년을 수용하여 국가의 동량 인재를 육성한다.

이 결의로 경학사를 만들고 이상룡이 사장에 추대되었습니다. 내무부장에 이회영, 농무부장에 장유순, 재무부장에 이동녕, 교무부장에 유인식을 임명하고 조직 사무는 김동삼이 맡았습니다. 이상룡은 경학사 창립 취지서를 낭독했습니다.

부여의 옛 영토가 눈강에 이르렀으니, 이 땅이 이역이 아니요. 고구려의 유민이 발해에 모였으니, 이 사람들은 동포인 것이다. 16세기의 네덜란드는 스페인으로부터 독립하여 부흥했으니, 옛날에도 사례가 있는 것이다. (……)

경학사와 신흥강습소가 있었던 추가가 마을 뒷산 대고산 ⓒ 박도

사랑스럽다, 한국이여! 애처롭다, 한민이여!

끓는 솥의 물고기가 입을 내밀어 본들 무슨 가망이 있겠는가마는, 불타는 집의 제비는 한참 동안 울부짖을 수 있다.

오라, 오라. 우리 무리를 보호하는 것이 곧 우리 백성들을 보호하는 것이며, 우리 경학사를 사랑하는 것이 곧 우리나라를 사랑하는 것이다. 오라!

오라, 기러기 떼 날아가면 서풍이 날로 드세질 것이고, 금계가 한번 울면 동쪽 하늘이 장차 밝아 오리로다.

경학사는 농사를 지으며 군사 교육을 해서 나라를 되찾을 인재를 양성하고자 설립한 단체였습니다. 경학사는 곧 신흥강습소를 열고, 초대 교장에 이동녕을 추대했습니다.

이상룡은 기념으로 한시 한 수를 남겼습니다.

추가가에서 결성하니 충심은 굳고

밭 갈고 배우는 일 취지 모두 완전했다.

모든 정신 신흥중학에 쏟아부어

양성한 군사 비호보다 날랜 오륙백.

이상룡은 오랫동안 공부한 역사 지식을 동원해《대동역사》를 썼습니다. 대한의 역사를 제대로 알아야 민족정기를 바로 세울 수 있다고 생각했습니다.《대동역사》는 신흥강습소 학생들의 역사 교과서로 사용했습니다.

날마다 산비탈에 일군 콩밭에 가서 김을 매는 이상룡을 본 한인 이주민이 서로 콩밭 매기를 권했다고 합니다. 그때 봉천성의 우리나라 이주민이 28만 6천여 명이나 되었다고 하니, 얼마나 많은 우리나라 사람들이 식민지가 된 고국을 떠나왔는지 알 수 있습니다.

이상룡은 이회영 형제, 김대락, 허혁, 여준, 김동삼 등 지도자들과 함께 경학사·부민단·부민회 등 서간도 한인 단체를 이끌었습니다. 청나라 사람들의 반발을 사지 않기 위해 교육 기관으로 위장했지만, 신흥강습소는 사실 무장 독립군을 길러 내는 무관 학교였습니다. 경학사는 학생들에게 교육과 기숙사를 제공했습니다.

합니하에 교사를 짓고 신흥중학으로 이름을 바꾸고 낙

《대동역사》

성식을 할 때, 지팡이를 쥔 백발 노인이 연단에 올라왔습니다. 66세에 안동에서 서간도로 망명한 이상룡의 큰 처남 백하 김대락이었습니다. 김대락은 이주 한인 가운데 최고령의 유학자였습니다.

> 금석은 부서지고 깨어질지 몰라도 자유를 향한 열정은 깎아낼 수 없고, 태산이 앞에 있어도 진보하는 단체는 막을 수가 없다. 타 버린 잿더미 속에서도 대장부의 의기는 살아나고, 어찌 한시라도 조국 독립을 잊을 수가 있을까? (……)
> 제군들아 세월은 흐르는 물과 같으니 시간을 아껴 써라. 만약 한 가지 일이라도 소홀히 하면 굶주린 호랑이에게 육신을 던지는 것과 같으며, 한 가지 생각이라도 태만히 하면 독주를 마시고 기도를 드리는 것과 같음이니, 제군들이여 힘쓸지어다!

조국 독립의 열정이 담긴 축사에 교직원과 학생들은 모두 감동했습니다. 참석한 이주 한인들도 함께 교가를 부르며 좋아했습니다.

신흥중학의 소문을 듣고 독립운동의 뜻을 품고 이주해 오는 젊은이들이 날이 갈수록 늘어났습니다. 신흥중학 학생 수가 많아지자 운영비가 더 들어서 군자금이 턱없이 모자랐습니다. 생각다 못한 이상룡은 아들 이준형에게 말했습니다.

"동구야, 안동에 가서 임청각을 팔아 와야겠다."

"아무리 군자금이 모자란다 해도 임청각을 팔아야 합니까?"

하지만 경학사 사정을 잘 아는 이준형은 더 반대하지 못했습니다. 이준형은 안동에 가서 99칸 임청각 매매 계약을 맺고, 계약금과 함께 얼마간의 군자금을 마련해 왔습니다.

상해 임시정부 초대 국무령

이상룡은 1921년 봄부터 여름까지 북경에 머물며 서로군정서 독판으로서 독립 단체들의 단합과 임시정부의 앞날에 대해 의논했습니다. 임시정부와 거리를 두자는 쪽으로 의견이 모아졌습니다. 그러자 만주 지역의 독립 단체들과 임시정부의 관계가 소원해졌습니다.

임시정부에서는 1925년 5월 내무총장 이유필과 법무총장 오영선을 만주 지역으로 파견했습니다. 두 총장은 독립 단체들과 만나서 이상룡에게 국무령으로 출마하기를 권했습니다.

이상룡은 나이를 핑계로 정중하게 사양했습니다.

"이제 나이도 많고, 몸도 노쇠했으니 사양하겠소이다."

그러나 임시정부 의정원에서 국무령에 피선되었다고 전보가 왔습니다.

"시론이 갈라지고 독립 투쟁이 정체되어 있으니, 석주 어르신이 잠시 나가서 정돈하는 것이 좋겠습니다."

동지들이 적극 권하자 이상룡은 임시정부와 독립 단체가 혼란을 겪는 상황을 수습하고, 민족 통합을 이루게 하는 것이 마지막 할 일이라는 각오로 초대 국무령을 수락하고 상해로 가기 위해 길을 떠났습니다.

그해 7월, 상해 대한민국 임시 의정원의 헌법이 개정되었습니다. 임시정부 최고 책임자의 명칭을 '대통령'에서 '국무령'으로 바꾸는 것이었습니다. 개정된 헌법에 따라 이상룡은 9월 24일, 임시정부 초대 국무령으로 취임했습니다.

국무령으로 취임하고 보름 뒤에 9명의 국무원을 선임했는데 아무도 취임하지 않았습니다. 이상룡은 크게 실망했습니다. 선뜻 국무원을 맡겠다고 나서는 사람이 없었던 것은 앞서 6월 11일에 조선총독부 경무국장 미쓰야 미야마쓰와 중국 동삼성 지배자 장작림과 맺은 미쓰야협정 영향도 있었습니다. 장작림은 만주에서 한국인 독립운동가를 체포하면 반드시 일본 영사관에 넘길 것, 일본은 독립운동가를 인계받는 동시에 그 대가로 상금을 지불할 것, 장작림은 상금 중 일부를 반드시 체포한 관리에게 줄 것 등을 규정했습니다. 그래서 임시정부 국무원의 활동이 위축될 수밖에 없었던 것입니다.

미쓰야협정으로 가는 곳마다 한인 지도자 체포 안내문이 붙었습니다. 한인 지도자 1인을 체포해 가면 20원, 죽여서 목을 가져가면 40원을 준다는 것이었습니다.

또한 만주권 인사들과 계파 간 갈등이 수습할 수 없을 정도로 심각했습니다.

"내가 늙은 몸으로 헛된 명예에 몸을 굽히는 것은 절대 평소의 바람이 아니다. 그래도 이번에 몸을 한 번 움직인 것은 각각의 의견들을 조정해서 통합하기 위한 것이었다. 지금은 그럴 가망이 없으니, 내 어찌 여기에 지체하랴."

이상룡은 이와 같은 말을 남기고, 1926년 2월 18일 초대 국무령을 사임하고 서간도로 돌아갔습니다.

나라를 찾기 전에는 돌아가지 않겠다

초대 국무령을 사임한 이상룡은 조카 이광민과 서간도로 돌아가고 있었습니다. 천진 부두에 도착하자 사람들이 몰려와서 사진을 찍었습니다. 이상룡은 불길한 생각이 들어 배에서 내리자마자 이발관에 들어가서 머리카락과 수염을 모두 밀었습니다. 밤에 여관에 들어가서 잠을 자는데 역시나 일본 경찰이 몰려왔습니다.

"여기 고려인 안 왔느냐?"

일본 경찰이 방 안을 살피는데 이광민은 미리 이상룡을 이불로 얼굴까지 덮어서 사람이 없는 것처럼 해 두었습니다. 이광민은 유창한 중국말로 그런 사람 없다고 해서 무사할 수 있었습니다.

1931년에는 일본이 만주사변을 일으켜 동북삼성을 점령했습니다. 전쟁에서 패배하고 돌아가는 중국 패잔병들은 한인 이주민 집에 자주 침입했습니다.

"우리는 봉천 육군이다!"

이주민들을 한 집에 모아 놓고 돈과 식량을 빼앗아 갔습니다. 언제 중국 패잔병들이 들이닥칠지 몰라 밤에는 집 밖에 나갈 수도 없었습니다.

중국 패잔병들은 다음과 같이 말하면서 한인 이주민 집

을 습격하고 노략질을 일삼았습니다.

"한국이 일본을 끌어들여서 전쟁이 났다. 나라 빼앗긴 중국 군인들은 무기를 가졌으니 산적이나 되자."

또 "한국 사람이 일본의 앞잡이가 되었다"고 떠들고 다니면서 이주민들을 괴롭히고 물건을 빼앗아 가고 행패를 부렸습니다.

여기저기서 산적들에게 "돈 되는 물건을 빼앗겼다", "죽임을 당했다"는 소식이 들려왔습니다.

1931년 추석이 지난 어느 날, 여준과 이장녕이 총살당했다는 소식을 들은 이상룡은 상심 끝에 병을 얻었습니다. 나중에 사실이 아니란 게 밝혀졌지만 이상룡은 시름시름 앓기 시작했습니다. 소문을 들은 동생과 동지들이 이상룡을 만나러 왔습니다. 이상룡은 꺼져 가는 힘을 모아 만나는 사람에게 마지막 부탁을 했습니다.

"제군들은 스스로 기운을 잃지 말고 더욱 힘을 내시게. 성심을 다한다면 목적을 달성하지 못함을 어찌 근심하겠는가!"

다음 해 5월 12일, 이상룡은 장남 준형에게 다음과 같은 유언을 남기고 세상을 떠났습니다.

"나라를 찾기 전에는 내 해골을 고국에 싣고 들어가서는 안 되니, 이곳에 묻어 두고 기다리도록 하여라. 너는 네 어머니를 모시고 고향에 돌아가는 게 좋겠다."

이상룡의 유언대로 이준형은 가족과 함께 임청각으로 돌아왔습니다. 고향을 떠난 지 21년 만이었습니다. 임청각으로 돌아오자마자 이상룡의 3년상을 치렀습니다. 전국에서 문상하러 오는 손님들이 끊이지 않았습니다. 그러자 일본 경찰이 신경을 곤두세우고 아예 임청각에 와서 지켰습니다. 일본은 독립운동의 산실인 임청각의 정기를 끊고자 마당에 철로를 놓겠다고 발표했습니다. 문중이 아무리 반대를 해도, 뜻있는 군민들이 반대를 해도 소용이 없었던 것입니다.

결국 1942년 2월 임청각 앞마당을 지나가는 중앙선 철로가 놓였습니다. 안동역으로 곧바로 가지 않고 4.3km나 돌아가야 하는데도 말입니다. 임청각은 99칸 집에서 50여 칸으로 줄고, 밤낮으로 기차가 덜컹덜컹 굉음을 내며 지나갔습니다.

 이 사실을 이상룡이 알았다면 분노가 하늘을 찔렀을 것입니다.

 이상룡의 유언대로 유골은 58년 뒤에 조국으로 돌아왔습니다. 나라를 떠나며 읊었던 시처럼 나라를 되찾은 뒤에 다시 돌아온 것입니다.

백하 김대락과 여성 독립운동가 김우락

　안동 내앞마을은 의성 김씨 집성촌입니다. 의성 김씨인 김대락의 아버지 김진린은 도사를 지냈기 때문에 도사댁이라고 불렀습니다. 사람 천 석, 글 천 석, 살림 천 석이라고 해서 3천석댁이라고도 했습니다.

　김대락은 유림이었지만, 매제인 이상룡이 대한협회 안동지회를 설립하자 신학문의 필요성을 깨닫고 뒤늦게 받아들였습니다. 50여 칸 되는 자신의 집을 협동학교 교사로 내어놓아서 학생들에게 신교육을 시켰습니다.

　그리고 1911년 음력 1월, 66세의 나이로 의성 김씨 일가족을 이끌고 서간도로 망명해서 항일 운동을 펼쳤습니다. 김대락의 자식들과 손자들, 종손들, 문중 청년들을 포함하여 약 130여 명이 만주로 망명했습니다. 의성 김씨 일가족이 김대락을 얼마나 믿었는지 알 수 있습니다.

　김대락은 일행이 경성에 도착한 음력 1월 6일부터 세상을 떠나기 전인 1914년 12월 30일까지 꼬박꼬박 망명 일기를 써서 《백하일기》를 남겼습니다. 백하는 서간도가 백두산 아래에 자리 잡고 있다고 해서 망명한 뒤 바꾼 호입니다. 《백하일기》는 만주로 이주한 한인들의 생활을 자세히 알 수 있고, 독립운동을 펼친 독립운동가들의 삶을 알 수 있습니다.

《백하일기》

 한편 김대락의 여동생 김우락은 남편 이상룡과 함께 57세의 나이로 망명해서 독립 기지 건설에 힘을 보탰습니다.
 "비록 여자의 몸이지만 나라를 잃은 울분이 생기는데 애국지사의 비통함을 갖는 건 당연지사다."
 김우락은 독립운동가 집안 출신답게 이상룡의 망명 결정을 따라서 역경도 마다않고 독립군을 길러 냈습니다. 또한 가사 작가로 〈정화가〉, 〈조선별서〉, 〈간운사〉 등 만주 망명 생활을 표현한 가사 작품을 많이 남겼습니다.

비록 서간도 땅으로 함께 망명을 하지는 않았지만 안동에 남아서 독립운동을 한 '독립운동의 어머니' 김락 역시 김대락의 동생입니다. 김락의 남편은 향산 이만도의 아들 이중업입니다.

김우락은 〈간운사〉에서 독립운동에 더 적극적으로 나서지 못하는 아쉬움을 다음과 같이 읊었습니다.

이 몸이 남자라면 세계 각국 두루 놀아
천하 사업 다할 것을 무용한 여자라 애달프다.

독립운동 자금을 마련하고, 연락책이 된 남자 독립운동가와 마찬가지로 김우락은 독립군 의복을 만들고, 모임 장소를 제공하고, 식사를 제공하는 후원자로서 독립운동에 매진했습니다.

의성 김씨 일가에서는 독립 유공자 훈장 또는 포장을 받은 사람이 18명이나 나왔습니다.

임청각과 백하구려

이상룡의 종택 임청각은 1519년 조선 중종 때 형조 좌랑을 지낸 고성 이씨 이명이 지은 집입니다. 낙동강을 따라 지은 99칸 집으로 궁궐 다음으로 큰 집이었습니다.

지은 지 500년이 지나 우리나라 민가 가운데 가장 오래된 집이라고 합니다. 독립 자금을 대느라 다른 사람에게 넘어갈 뻔했지만 문중에서 다시 사들여 현재 이상룡의 증손이 살고 있습니다. 일반인에게 개방해서 한옥 체험도 할 수 있습니다.

이상룡의 종택 임청각

1963년 1월 보물 제182호로, 2009년 5월 25일에는 국가에서 보호하는 현충 시설로 지정되었습니다.

　백하구려는 경상북도 안동시 임하면 천전리 257번지에 있습니다. 독립운동가 김대락(1845~1915)의 고택으로, 2000년 4월 10일 경상북도기념물 제137호로 지정되었습니다. 1885년 4월 19일에 건축한 집으로 사랑채에 걸린 '白下舊廬(백하구려)'라는 편액(건물이나 문루 중앙 윗부분에 거는 액자)을 따라 붙여진 이름입니다. 김대락은 1990년 건국훈장 애족장이 추서되었습니다.

김대락의 고택 백하구려

이상룡 가문의 독립운동가들

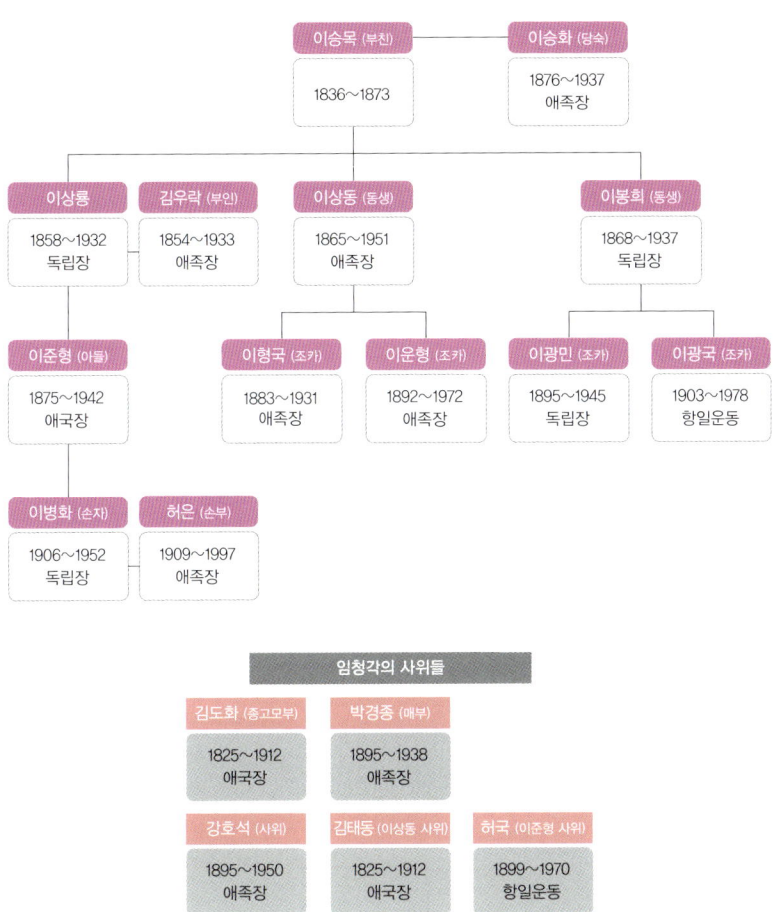

신흥무관학교

1907년, 경성에서 국권 회복을 위해 만든 항일 운동 비밀 단체인 신민회는 1910년 3월에 전국 간부 회의를 열고, 만주에 독립운동 기지를 건설하고, 무관 학교를 설립해서 인재를 키울 것을 결의했다. 1910년 12월 이회영 6형제를 시작으로, 김대락 일가, 이듬해 2월에는 이상룡 일가, 김동삼 일가 등이 가산을 정리해서 서간도로 집단 이주했다.

1911년 4월에 이주한 사람들 300여 명이 삼원포 추가가의 대고산에 모여서 노천 군중대회를 열었다. 이 대회에서 경학사를 설립하고, 사장에 이상룡, 내무부장에 이회영, 농무부장에 장유순, 재무부장에 이동녕, 교무부장에 유인식을 임명했으며, 조직 사무는 김동삼이 맡았다. 경학사는 이름대로 낮에는 농사를 지

신흥무관학교 이동과 분교

어 주민들 식량을 마련하고, 밤에는 공부하는 단체였다.

경학사는 옥수수 창고를 빌려서 강습소를 열고, 청년들에게 군사교육을 시켰다. 이름은 신민회의 '신' 자와 다시 일어난다는 '흥' 자를 붙여 '신흥'이라 지었다. 신흥강습소는 독립군 양성을 목적으로 세운 군사 교육 기관으로, 학교장은 이철영이 맡았다.

1912년 봄부터 통화현 합니하에 교사 여덟 개 동을 신축하여, 5월에 낙성식을 하고, 학교 이름을 신흥중학으로 바꾸었다. 신흥중학은 앞에 합니하가 흘러 해자를 만들고, 높은 산으로 둘러싸인 평원에 있어 난공불락의 요새였다. 4년제 본과와 6개월, 3개월 과정의 속성과가 있었다. 대한제국 육군무관학교 출신인 이장녕, 이관직, 김창환이 학생들에게 군사 교육을 시켰다.

신흥중학에서는 다음 여섯 가지를 철저히 지키게 했다.

1. 임무에 희생한다
2. 체련에 필승한다
3. 간고에 인내한다
4. 사물에 염결한다(염결: 마음이 깨끗하고 탐욕이 없음)
5. 건설에 창의한다(창의: 지금까지 없었던 새로운 생각이나 의견)
6. 불의에 항거한다

1914년 가을부터 신흥무관학교 교관들과 졸업생들은 백두산 서쪽에 있는 통화현 쏘배차에 수천 병력을 수용할 수 있는 군사 기지인 백서농장을 만들어 농사일과 군사 훈련을 했다. 4

백서농장

년에 걸친 혹독한 군사 훈련과 극한 환경 극복 훈련은 항일 독립운동의 밑거름이 되었다. 1919년 3·1 만세 운동이 일어나고 국내에서 독립 활동이 어려워지자 독립의 뜻을 품은 사람들이 신흥중학으로 찾아왔다. 합니하 신흥중학이 비좁아 유하현 고산자에 40여 칸의 교실과 연병장, 농장을 마련하고, 학교 이름도 신흥무관학교로 바꾸었다.

신흥무관학교로 바뀐 뒤에는 민족정신 함양에도 힘을 쏟았다. 그러기 위해서는 독립운동 지도자가 갖추어야 할 우리 역

신흥무관학교 입학생 비밀 모집 경로
신흥무관학교 입학생들은 서울에서 평양, 신의주를 거쳐 안동현에 1차 집결했고, 일부는 환런, 퉁화를 거쳐 류허 현(신흥무관학교)으로 들어가거나, 감시를 따돌리기 위해 변화한 선양을 거쳐 메이허커우를 통과했다.

사, 국어, 지리 교육이 필요했다. 김경천, 신동천, 이청천이 신흥무관학교 교관이라는 소문을 듣고 17~18세의 청년에서 50세의 어른까지 찾아왔다. 이회영과 이상룡은 여러 지역에 분교를 세우고, 청년들을 대대적으로 모집해서 속성과로 훈련시켜 독립군을 키워 광복 투쟁을 서둘렀다.

신흥무관학교 출신의 대표적인 무장 독립운동 단체로는 서간도 지역의 서로군정서와 북간도 지역의 북로군정서가 있었다.

1920년 6월 7일에 독립군과 일본군 사이에 봉오동에서 전투가 벌어졌다. 신흥무관학교 교관 출신인 서로군정서군과 최진동, 안무와 홍범도 장군이 봉오동 계곡에서 매복작전으로 일본군을 유인해 승리했다. 일본군은 157명이 사망하고, 600여 명이 부상을 입었다. 반면 독립군은 4명이 사망하고, 부상자는 2명뿐이었다.

그해 10월에 일어난 청산리 전투에서도 김좌진과 북로군정서군, 지청천, 이범석 등 신흥무관학교 출신 교관들이 큰 활약을 했다. 독립군은 청산리 계곡에서 매복하고 일본군을 유인했다. 일본군이 가까이 오자 매복해 있던 독립군이 세 방향에서 총알을 퍼부었다. 이 전투에서 일본군 2,200여 명이 사망했지만, 독립군은 60여 명만이 사망하고, 100여 명이 부상당했다.

신흥무관학교 출신들은 만주 지역의 대한통의부, 의정부, 신민부, 국민부 등 무장 독립 단체에서도 활동했다. 중국 본토 지역에서는 의열단과 임시정부 산하의 광복군이 활동했다.

의열단 단장 김원봉을 비롯해서, 단원 윤세주, 배동선, 서상락, 권준 등 핵심 단원들 대부분이 신흥무관학교 출신들이었다. 의열단은 조선총독부와 경찰서, 관공서 같은 일본의 침략 시설을 파괴하는 의혈 투쟁 단체로 일본 경찰은 이름만 들어도 무서워 벌벌 떨었다고 한다.

신흥무관학교 출신으로 중국공산당에서 활동한 인물은 김훈(양림)과 김산이 있다. 또 허승환은 만주와 인접한 러시아 연해주 지역에서 활발한 항일운동을 전개했다.

신흥무관학교 교관 출신 지청천은 1940년 중경에서 임시정부 국군으로 조직된 광복군의 총사령관을 맡았다. 김학규, 김원봉, 이범석, 권준, 신동열, 오광선은 광복군 창설에도 핵심 역할을 하여, 명실공히 한국군을 대표하는 주역으로 활동했다.

독립군 부대에 신흥무관학교 출신 교관들이 활약이 커지자 일본은 중국 정부에 압력을 넣어서 신흥무관학교를 없애라는 지시를 내리게 했다. 신흥무관학교는 결국 1920년 9월에 문을 닫았다.

만주와 연해주 독립운동기지

백산상회, 영남은행을 설립하여

겉으로는 건실한 사업가처럼 행동하지만

비밀리에 국외 독립운동가들과 긴밀히 연락하는

악질 주동 세력이다.

– 일본 경찰이 백산 안희제를 감시하고 상부에 보고한 내용

나라 안에서 독립운동 자금을 대다

백산
안희제

사라진 쌀 한 가마니

서당에 나오지 않는 친구들이 날이 갈수록 늘었습니다. 할아버지는 아무리 힘들어도 공부를 해야 미래에 희망이 있다고 말씀하셨습니다. 그래서 안희제는 친구들이 서당에 나오게 하려고 집에 찾아갔습니다. 친구들은 도저히 서당에 나오지 못할 처지였습니다.

"할아버지, 친구들 집에 갔더니 대낮에도 방에 누워 있었어요. 며칠을 굶어서 일어날 수도 없었어요. 우리 고방에 있는 쌀을 나눠 먹으면 좋겠어요."

"희제의 생각이 옳구나. 동네 사람들에게 얼마만큼 쌀을 나눠 줘야 되겠느냐? 그러다 우리 고방에도 쌀이 다 떨어지면 어떡하겠느냐?"

할아버지는 집안 전체의 살림을 책임지고 있는 분이라 안희제와 생각이 달랐습니다.

"친구들이 당장 굶어 죽어 가고 있어요. 가만히 보고 있을 수 없어요."

안희제는 안방에 가서 무명천과 가위, 실, 바늘을 꺼내 자신의 방으로 가서 무명천을 잘라 주머니를 만들기 시작했습니다.

"형님아, 뭐 만들어? 남자가 바느질을 하면 큰일 난다 하더라."

동생들이 큰형이 바느질하는 것을 보고 놀랐습니다. 동생들은 안희제를 좋아해서 믿고 따랐습니다.

"남자가 바느질해도 큰일 안 나니까 걱정 마."

처음으로 하는 바느질이라 쉽지 않았습니다.

"아야!"

바늘에 손가락이 찔려 피가 뚝뚝 흘렀습니다.

동생들이 놀라서 바느질을 못 하게 말렸습니다.

"형님아, 행랑어멈한테 만들어 달라고 부탁해라."

"괜찮다. 남자가 피 한 방울에 세운 뜻을 접어서야 되겠나."

안희제는 삐뚤빼뚤하게 꿰매긴 했지만 네모난 주머니를 완성했습니다. 바로 네모난 주머니에 쌀을 채워서 친구들을 찾아갔습니다. 이 집 저 집 쉴 새 없이 찾아다니다 보니 쌀 한 가마니가 텅텅 비었습니다. 안희제의 아버지가 쌀 한 가마니가 없어진 사실을 알고는 집안 식구들을 불러 모았습니다.

"모두 사랑채 앞으로 모여라. 고방에 있던 쌀 한 가마니가 감쪽같이 사라졌다. 이건 우리 집을 잘 아는 자의 짓이다. 지금까지 설뫼마을에 도둑은 없었다. 쌀을 훔치다니! 도저히 용서할 수 없다."

안희제는 망설임 없이 앞으로 나서며 말했습니다.

"할아버지, 아버지, 친구들이 며칠 굶어 일어나지도 못했습니다. 그래서 제가 고방에 있는 쌀을 친구들에게 갖다주었습니다. 죄송합니다."

안희제는 무릎을 꿇고 잘못을 빌며 할아버지와 아버지에게 용서를 구하고 처분을 기다렸습니다.

"으흠, 으흠! 네가 누구 대신 죄를 뒤집어쓰려고 그러는 거 다 안다. 네가 어떻게 그 무거운 쌀을 다 옮길 수 있겠느냐?"

아버지는 희제가 쌀을 친구들에게 갖다 준 사실을 꿈에도 몰랐습니다. 할아버지는 눈치를 채고는 물었습니다.

"그 많은 쌀을 어떻게 갖다주었느냐?"

안희제는 핏자국과 시커멓게 때가 묻은 주머니를 꺼내 보였습니다.

"서당 친구를 찾아가니 식구들이 굶고 있어서 이 주머니에 쌀을 담아 갖다주었습니다. 굶어서 죽어 가는데 사람이 살고 봐야지 않습니까? 집집마다 식구 수대로 공평하게 나눠 주었습니다."

"쯧쯧쯧, 아들이 도둑이었다니!"

아버지는 화를 내며 사랑채로 들어가고, 할아버지가 안희제 가까이로 왔습니다.

"사람이 죽어 가는 마당에 공부가 뭐 그리 중요하겠느냐. 친구를 생각하는 마음이 어질고 훌륭하니 그 마음을 꼭 지키고 살아가려무나."

할아버지는 안희제에게 용기를 주었습니다. 큰 잘못을 했는데, 할아버지는 야단은커녕 안희제의 행동을 응원했습니다.

안희제는 경상남도 의령군 부림면 입산리에서 1885년에 태어났습니다. 조상 대대로 유학을 공부한 유림 집안이었습니다. 의령은 임진왜란을 일으킨 왜군이 조선을 침공할 때, 전국 최초로 의병을 일으킨 홍의장군 곽재우 의병장이 태어난 고장이기도 합니다. 곽재우와 함께 의병 활동을 한 의병장 안기종은 안희제의 선조입니다.

안희제는 어린 시절부터 친척인 안익제에게 한학을 배웠

안희제 생가

습니다. 공부하다가 의심나는 점이 있으면 끈질기게 질문해서 스승 안익제를 진땀 흘리게 만들었습니다.

그래서 안익제는 다음과 같이 말했습니다.

"희제는 우리 겨레에게 영광을 안겨다 줄 몇 되지 않는 유림 가운데 한 사람이 될 것이다."

안희제가 17세 되던 1901년에 의령 군아에서 주최하는 백일장이 열렸습니다. 안희제는 백일장에 참가해서 가장 먼저 한시를 지었습니다.

새는 한가로움을 좋아하여,

골짜기만 찾아들고

해는 한쪽으로 치우치기를 싫어해,

하늘에서 빛을 낸다.

안희제가 지은 한시를 본 사람들은 모두 놀랐습니다.

특히 의령군수는 그에게 다가와 등을 두드려 주며 말했습니다.

"재주 있는 젊은이로다. 후일에 경성에서 다시 만나자."

안희제가 백일장에서 장원을 하자 할아버지와 아버지는 무척 기뻐했습니다.

"할아버지, 아버지! 서양에서 들어온 수학, 과학, 경제 같은 신학문을 배우고 싶습니다. 고향을 떠나 다른 고장들을 둘러보고 오겠습니다."

안희제는 친구들과 함께 다른 고장에서 살아가는 또래들을 만나려는 것이었습니다.

"네 생각이 그러하면 다녀오려무나."

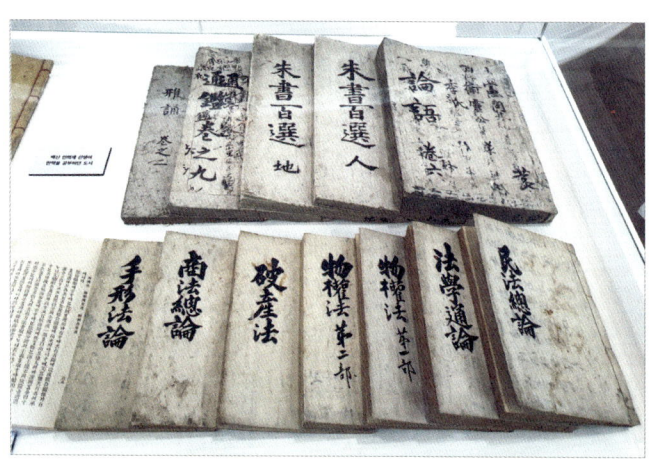

안희제가 공부한 책들

할아버지와 아버지는 안희제 생각을 존중해 주며 다녀오라고 했습니다.

안희제는 친구들과 지리산과 섬진강 일대를 여행하며 그 고을에 사는 또래들을 만났습니다. 또래들이 어떤 생각을 하며 살아가는지도 알게 되었습니다. 여행을 다니며 한시 32편을 지어서 《남유일록》이라는 문집도 만들었습니다.

여행을 다녀온 안희제는 할아버지에게 경성으로 가겠다고 말했습니다.

"할아버지, 을사늑약 체결로 나라를 잃었습니다. 경성으로 가서 신학문을 배워, 나라 구하는 일을 하겠습니다."

"희제야, 나라가 어떻게 돌아가는지 잘 살펴본 뒤에 결정하면 좋겠구나."

할아버지가 말렸지만, 안희제는 며칠 뒤 짐을 꾸려 신학문을 배우기 위해 경성으로 떠났습니다.

학교를 세우다

빼앗긴 나라를 되찾기 위해서는 신학문을 배워서 힘을 키우는 것이 급선무라고 생각한 안희제는 사립 흥화학교에 들어가서 신학문을 공부하고, 보성전문학교 경제과에 입학하여 국권 회복을 주장하는 친구들을 많이 만났습니다. 그런데 보성전문학교가 재정난을 겪어 다음 해 양정의숙으로 전학했습니다.

안희제의 관심은 을사늑약으로 빼앗긴 외교권을 되찾아서 국권을 회복하는 것이었으므로, 친구들과 모임을 만들

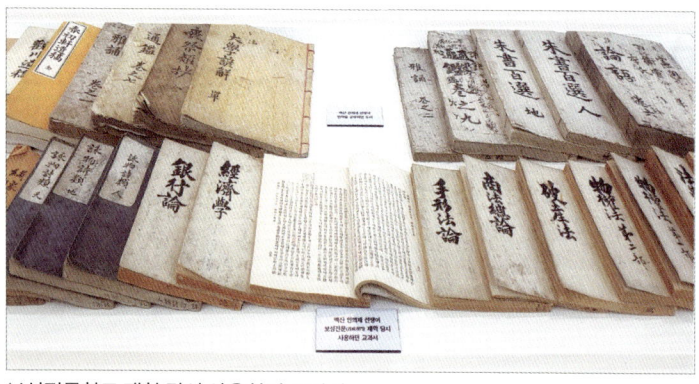

보성전문학교 재학 당시 사용하던 교과서

고 해결책 마련을 위해 자주 의논했습니다.

안희제가 먼저 교육의 필요성을 말했습니다.

"아무래도 백성들에게 지금의 정세를 알려야겠네. 그러려면 근대 교육이 시급하네."

모인 친구들이 이구동성으로 신학문 교육을 위해 학교를 세워야한다는 의견에 동의했습니다.

"자네 말이 맞네. 백성들이 신학문을 공부할 수 있게 학교를 세움세."

하루는 안희제가 방에 있는데 창이가 급히 불렀습니다. 창이는 집에서 안희제를 뒷바라지하라고 보낸 사람입니다.

안희제가 방문을 열자 반가운 친구가 서 있었습니다. 보성전문학교에 같이 다녔던 김기수가 눈에서 빛이 나는 젊은이와 함께 찾아온 것이었습니다.

"기수, 어서 오게나. 같이 오신 분은 누구신가?"

안희제는 처음 보는 젊은이가 예사 사람이 아니라는 걸 한눈에 알아보았습니다.

"이분은 안동에서 올라온 일송 김동삼이라네."

협동학교 제3회 졸업식

안희제는 김동삼을 방으로 들였습니다.

"반갑습니다. 들어오시지요."

김동삼은 안희제의 두 손을 덥석 잡고 간곡히 부탁했습니다.

"급한 용건이 있어서 왔소. 지금 우리 백성들에게는 신학문이 절실히 필요하오. 안동에는 신학문을 가르칠 곳이 없소. 안동에 학교를 세울 수 있도록 백산께서 도와주시오."

"다른 분들이 계실 텐데요."

"안동은 유림들이 유학만 고집하고, 신학문은 무조건

구명학교

배척하고 있소. 그러니 신식 학교를 세우려면 많은 분들의 도움이 필요하오."

김동삼의 학교 설립 의지는 확고했습니다. 안희제는 김동삼의 눈빛에서 거절할 수 없게 만드는 간절함을 보았습니다.

"알겠습니다. 학교 설립을 돕겠습니다."

여러 사람의 도움으로 안동에 협동학교가 세워졌습니다.

뜻있는 사람 26명이 기금을 모아서 1906년 11월, 부산

구포에 '구명학교'를 세우고, 1909년에 안희제가 교장에 취임했습니다.

고향 의령에 신학문을 가르치는 학교가 없는 것을 안타까워한 안희제는 문중 어른들을 찾아다녔습니다.

"세상은 변하고 있고, 일본과 청나라, 러시아가 대한제국을 먹으려고 호시탐탐 노리고 있습니다. 그 나라들 사이에서 살아남으려면 나이 어린 사람들을 교육시켜야 합니다."

"우리도 나라 걱정 때문에 잠이 안 온다. 그래 어떡해야 하노?"

문중 어른들도 나라 걱정을 했습니다. 안희제는 문중 어른을 만날 때마다 교육의 중요성을 이야기하고, 학교를 세워야 한다고 설득했습니다. 그러나 문중 어른들은 머리를 짧게 깎고, 양반과 상놈이 함께 앉아서 공부하는 것을 받아들이지 못했습니다.

어릴 때부터 존경하고 따랐던 친척인 안효제가 먼저 안희제의 손을 들어주었습니다.

"나도 우리 마을에 학교 설립하는 일을 돕겠네."

안효제는 벼슬길에 나가서 바른말을 하여 잘못을 고치기 바랐습니다. 그러나 매번 받아들여지지 않자 1895년 벼슬을 버리고 고향으로 돌아와서 은거했습니다. 1910년 한일병합조약이 체결되고, 일본이 주겠다는 은사금을 거절하여 옥고까지 치렀습니다. 그리고 감옥에서 나온 이듬해인 1911년 11월에 만주 유하현으로 망명했습니다.

안효제가 함께 나서서 문중 어른들 설득에 성공했습니다. 설뫼마을에 '창남학교'가, 의령에 '의신학교'가 열렸습니다. 안희제는 '구명학교' 교장에 취임해서 학교 운영을 맡았지만, '창남학교'와 '의신학교' 운영에도 깊숙이 관여하여 독립운동할 인재를 양성하기 위해 온힘을 다했습니다.

대동청년당을 결성하다

1909년 일본 정부는 비밀리에 '한국병합 실행에 관한 방침'을 세우고 기회를 엿보고 있었습니다. 안희제와 친구들은 남형우의 사랑방으로 모여들었습니다. 남형우, 안희제, 박중화, 김두봉, 이시얼, 신채호, 신백우, 이경희 등 8명이었습니다. 평소에도 자주 만나서 대한제국의 미래를 걱정하던 동지들이었습니다. 안희제를 늘 따라다니던 일본 첩자들도 이날은 보이지 않았습니다.

"동지들, 일본이 한일병합을 이루려고 비밀리에 움직이고 있다네. 우리가 이를 막아야 되지 않겠나?"

남형우가 먼저 시국에 대한 의견을 내놓았습니다.

"힘을 모아야 하네. 그러기 위해서는 동지들을 모아야 하고."

안희제도 남형우의 의견에 힘을 실었습니다.

"그러면 비밀 결사 단체를 만들어야 하네. 비밀리에 일본의 병합 계획을 막는 활동을 펴 나가야 할걸세."

보성중학교 교장이던 박중하도 비밀 단체의 필요성을 강조했습니다. 그리하여 '대동청년당'이 만들어졌습니다. 1대 단장은 남형우, 부단장은 안희제가 맡기로 했습니다. 그리고 대동청년당 규칙도 만들었습니다.

1. 단원은 반드시 피로 맹세할 것이다.
1. 새 단원의 가입은 단원 2명 이상의 추천을 받아 엄격한 심사 후 인준한다.
1. 단명이나 단에 관한 사항은 일절 문자로 표기하지 않는다.
1. 경찰에 체포될 경우 그 사건은 본인에게만 한하고 다른 단원에게 연루하지 않는다.

대동청년당은 비밀 단체라 수뇌부만 회원 전체를 알 뿐 일반 회원은 회원들끼리도 잘 몰랐습니다. 어떤 일을 도모할 때에도 믿을 수 있는 단원 몇 명이 모여서 행동했습니다. 단원 한 명이 잡혀가더라도 그와 연루된 자를 모르게 하기 위한 대책이었습니다.

안희제는 모든 연락에 암호를 사용했습니다. ㄱㄴㄷㄹㅁㅂ을 순서대로 123456로, ㅏㅑㅓㅕㅗㅛ도 123456으로 약속해서 글자를 만들어 연락했습니다. '만나자'이면 512 2191로 만들었습니다.

대동청년당 결성일은 1909년 10월인데 얼마 지나지 않은 10월 26일에 대한제국 침략의 원수인 이토 히로부미를 처단하는 사건이 발생했습니다. 안중근 의사가 하얼빈 역에서 러시아 의장대의 사열을 받으며 걷던 이토 히로부미에게 권총을 겨눠 총알 세 발을 명중시켰습니다. 또 일본인들에게 총알 세 발을 더 발사하여 중상을 입히고 체포되었습니다. 안중근 의사는 체포될 때 러시아 말로 "코레아 우라(대한 만세)!"를 여러 번 외쳤습니다.

안희제는 양정의숙을 졸업하고 대동청년당 활동에 더욱 힘을 쏟았습니다. 대동청년당은 국내 비밀 결사 활동에 중점을 두고 인재 양성과 독립운동 자금 조달, 국내외 독립운동 세력과 연락망을 구축했습니다.

1910년 8월 29일 대한제국은 일본에 국권을 완전히 빼앗겨 국내에서 독립운동이 어렵게 되자 많은 독립운동가들이 만주로 망명했습니다. 안희제는 주변 정세를 살피러 중국과 러시아로 떠나기 위해 짐을 꾸렸습니다.

안희제가 짐 꾸리는 것을 보던 창이가 놀라서 물었습니다.

"나리, 짐 꾸려서 어디로 가실라고요?"

"중국과 러시아를 둘러보고 올 것이니 따라올 생각은 말거라."

"나리가 가시는데 제가 안 따라가면 안 되지요."

"너는 여기 남아서 할 일이 있다. 자, 이걸 받아라."

안희제는 서랍에서 서류 봉투를 꺼내 창이에게 주었습니다.

"이것이 무엇입니까?"

어리둥절해 있는 창이에게 안희제는 폭탄선언을 했습니다.

"의사가 되는 공부를 하여라."

"네, 제가 의사가 되다니요?"

"이제부터 독립운동도 달라질 것이다. 저 강력한 일본과 싸움을 해야 한다. 총칼로 싸우다 보면 다치는 독립군들이 많이 나올 것이다. 우리는 의사가 필요하다. 수술을 할 수 있는 외과의사면 더욱 좋겠구나."

안희제를 따라다니며 어깨너머로나마 공부하는 것을 좋아했던 창이는 안희제가 준비한 서류 봉투를 껴안고 감격해서 울기 직전이었습니다.

"나리, 제가 의사가 되는 공부를 해도 됩니까?"

"우리는 인재가 필요하다. 특히 외과의사가. 그러니 꼭 의사가 되어라."

"네, 나리! 꼭 외과의사가 되겠습니다."

해외 독립 기지를 살펴보다

안희제는 먼저 서간도로 가서 신흥무관학교를 둘러보았습니다. 이회영, 이시영은 찾아오는 청년들을 모두 받아서 먹고 입고 공부할 수 있게 해 주고 있었습니다. 많은 재산을 처분해서 왔지만 그들이 얼마나 버틸 수 있을지 걱정스러웠습니다.

그다음에는 러시아 블라디보스토크로 갔습니다. 안희제는 한국인, 중국인, 일본인으로 변장하며 일제의 밀정을 따돌렸습니다. 안희제는 먼저 망명해서 독립 기지를 설립하고 있던 동지들을 만났습니다. 그리고 황무지를 일구며 독립군을 키워 내는 데 자금이 부족해 고통을 겪고 있는 것을 많이 보았습니다.

  안희제는 귀국길에 들른 상해에서 백범 김구를 만나 국내 사정을 전했습니다.
  "중국과 러시아에는 고향을 떠나 조국의 독립을 위해 생고생하는 독립운동가들이 많은데, 막상 조국에는 일본에 아부하며 호의호식하는 이들이 많습니다. 호랑이는 조국 산천을 지키려고 백두대간을 누비는데, 쥐새끼가 호랑이 집을 차지하고 뱃가죽을 두드리고 있습니다."
  안희제의 이야기를 들은 김구는 웃으며 이야기했습니다.
  "허허허, 세상에서 우리를 백범과 백산, 양백이라 합니다. 우리 양백이 힘을 합쳐 호랑이 집에서 쥐새끼를 몰아냅시다."
  안희제는 김구의 위로에 마음이 조금 누그러졌습니다.
  "조국에 돌아가서 호랑이가 집으로 돌아올 수 있도록

힘쓰겠습니다. 독립운동을 맘 놓고 할 수 있도록 총칼을 지원하겠습니다."

안희제는 자신이 무엇을 해야 할지 확실히 알았습니다.

김구가 안희제의 손을 꽉 잡았습니다.

"백산 동지, 함께 대한 독립을 위해 싸워 봅시다!"

안희제도 마음을 굳게 먹으며 김구의 손을 꽉 잡았습니다.

상해를 떠나기 전날, 최병찬, 박상진, 서상일, 안희제는 작별의 시간을 가지며 서로의 각오를 말했습니다.

안희제가 조국으로 돌아가는 것을 무척 서운해한 최병찬이 말했습니다.

"나는 러시아 페테르부르크(현재 상트페테르부르크)로 가서 이갑 선생의 부관이 되기로 했다네."

"나, 백산 안희제는 독립운동 자금 조달과 국외 독립운동 세력과 국내 독립운동 세력의 연락책을 담당함세."

"법복 따위 벗어 버린 나, 박상진은 총을 들겠네. 일본은 법이 아니라 총으로 상대해야 함을 일찍 알았거든."

"나 서상일도 독립 자금을 마련하기 위해 상회를 열겠네. 자금 마련과 연락 거점을 위해서는 우리 셋이 각자 상회 하나씩을 설립해야 할걸세."

굳은 각오를 다진 네 사람은 손을 맞잡고, 가슴 벅찬 깊은 동지애를 느꼈습니다.

백산상회 설립해 독립운동의 거점으로 키우다

안희제는 4년간의 해외 생활을 마치고 돌아와 의령에서 제지업을 시작했습니다. 하지만 고향에만 머물러 있을 수는 없었습니다. 그래서 큰 도시 부산에서 상회를 열어야겠다고 생각했습니다. 국외에서 활동하는 독립운동가들에게 독립 자금을 보내려면 큰 도시로 나가야 했던 것입니다.

"아버님, 부산에 가서 무역 상회를 열어야겠습니다. 논을 좀 팔아 주십시오."

안희제 부탁에 아버지는 펄쩍 뛰었습니다.

"조상 대대로 내려온 논을 팔아 달라고? 네가 제정신인 것이냐!"

"나라를 되찾으려면 무역을 해야 합니다. 자금이 있어야 독립운동도 할 수 있는 겁니다."

안희제를 잘 아는 아버지는 마지못해 논 2천 마지기를 팔아 주었습니다. 안희제는 그 돈을 갖고 부산으로 갔습니다.

부산항과 부산역은 일본이 대륙으로 진출하기 위해 매우 중요한 곳이었습니다. 일본인은 관부 연락선을 타고 부산항으로 와서, 부산역에서 기차로 갈아타고 중국, 러시아를 지나 유럽으로 갈 수 있었습니다. 부산역 1층은 역이고, 위층은 호텔이었습니다.

안희제는 부산 지역 상인 이유석, 추한식을 끌어들여 1914년 9월, 부산역 가까운 곳에 백산상회를 열었습니다. 처음에는 곡물이나 면포, 해산물을 판매하고 점점 품목을 늘여서 지역을 대표하는 상회가 되었습니다. 그즈음 박상

백산상회 건물

진은 대구에서 상덕태상회를 열고, 서상일도 태궁상회를 열어 영업하고 있었습니다.

　백산상회는 1917년 합자 회사로 전환하고, 대표 윤현태와 안희제, 최준, 세 사람은 무한책임사원이 되었습니다. 세 사람이 책임을 지고 운영하는 회사였지요. 마산 원동상회, 대구 태궁상회, 서울 미곡상 등 18개소와 중국 안동, 봉천, 길림 등 3개소 등, 지점이 연달아 문을 열었습니다. 안동현의 이륭양행은 국내의 백산상회와 국외를 연결하는 중요한 거점 지점이었습니다. 안희제는 지점끼리는 어음으

백산상회가 신문에 낸 광고

로 큰돈을 거래할 수 있게 했습니다. 그래서 독립 자금을 안전하고 정확하게 전달할 수 있었습니다.

백산상회가 잘되자 투자하겠다는 부자들이 밀려들었습니다. 심지어 일본인도 투자자로 참여했습니다. 그래서 1919년에는 백산무역주식회사로 바꾸었습니다.

백산상회, 영남은행을 설립하여 겉으로는 건실한 사업가처럼 행동하지만 비밀리에 국외 독립운동가들과 긴밀히 연락하는 악질 주동 세력이다.

일본 경찰이 안희제를 감시해서 상부에 보고한 내용입니다. 일본 경찰은 안희제를 점점 심하게 감시하고, 백산무역주식회사를 수시로 세무 조사하면서 압박했습니다. 독립운동 자금을 보내느라 점점 빚이 늘어 백산무역주식회사는 경영이 어려워졌습니다. 백산무역주식회사는 초기 대한민국 임시정부의 운영비 60% 정도를 부담했을 정도였습니다.

　한편 일본의 식민지 정책도 조선인의 무역회사 운영을 힘들게 했습니다. 결국 1928년 안희제는 백산무역주식회사를 해산할 수밖에 없었습니다.

발해농장 설립으로 독립 투쟁 기반을 마련하다

조국은 감옥과 같다. 만주 땅에 가서 활개를 펴고, 조국 광복을 달성하는 데 죽는 날까지 싸워 보겠다.

　일본 통치하의 조국에서 견딜 수 없어서 만주로 간 안희제는 넓은 만주 땅에 농민을 이주시켜서 황무지를 개간해 협동 농장 만들 계획을 세웠습니다. 안희제는 자신을 물심양면으로 지원해 주던 김태원에게 계획을 말하고, 농토를 구입할 것을 부탁했습니다. 김태원은 경북 봉화군 금정광산을 개발해서 거부가 된 친구였습니다.

1931년부터 안희제와 김태원은 발해의 옛 땅 동경성에 토지를 구입하고, 이듬해에는 목단강 상류를 석축으로 막아 수로를 만들었습니다. 물을 대고 논을 만들어 벼농사를 짓기 위해서였습니다.

안희제는 협동 농장의 이름을 발해농장으로 짓고는 영남 지역 농민 300여 호를 이주시켰습니다. 먼저 이주 농민에게 토지를 5년간 빌려주어서 수확물의 반을 받고, 나머지는 새로운 땅을 개간하거나 수로를 만드는 걸로 갚게 했습니다. 새로 개간한 농지는 다른 이주 농민에게 분배하는 방법으로 농지와 수로를 늘려 갔습니다. 안희제는 발해농장에 수백만의 이주 농민을 정착시킬 장대한 계획을 세웠습니다.

발해농장 수로

안희제는 의사가 된 창이와 발해농장을 둘러보았습니다.

"의사 선생, 여기가 어딘지 알겠나? 고구려와 발해의 기상이 하늘로 치솟던 땅이었네. 다시 그 기상을 이어받아 조국을 되찾으러 왔네."

안희제는 농민들이 농사지은 곡식을 공출이라는 이름으로 일본에게 뺏기는 것을 보고 참을 수가 없었습니다. 그런 농민들을 이주시켜서 자작농으로 만드는 원대한 꿈을 실현하고 있었습니다.

"나리, 고구려의 광개토대왕과 발해의 대조영 장군의 기

발해농장 수문 입수 기념(1936.6.5.) 왼쪽 두 번째가 안희제,
농장 지배인 최관(서일의 사위), 뒷줄 안희제의 장남 상두

상이 살아나는 것 같습니다."

창이도 발해농장을 보고는 두 주먹을 불끈 쥐었습니다.

발해농장의 소문을 듣고 주변에 흩어져 살던 이주 농민들이 모여들어서 크고 작은 농장이 늘어났습니다. 수로 확장도 계속되어 개별 농장을 잇는 수로의 길이가 16km를 넘었고 수로에는 거대한 수문도 만들었습니다.

안희제는 이주 농민 자녀들에게 민족정신과 자주독립사상을 심어 주기 위해 동경성에 발해보통학교를 설립하고 교장이 되었습니다.

동경성보통학교 1회 졸업 사진

"학교를 열었으니 학생들을 미래의 독립군으로 잘 키워야겠어."

안희제는 학교 교실을 돌아보고는 감개무량했습니다. 오래전부터 꿈꾸어 왔던 학교를 연 것이기 때문입니다.

안희제의 눈에 눈물이 그렁그렁 맺혔습니다.

"나리, 눈에서 빛이 반짝반짝 빛납니다."

창이도 참지 못하고 눈물을 주르륵 흘렸습니다. 발해보통학교는 나중에 동경성보통학교로 이름이 바뀌었습니다.

안희제는 발해농장의 농장주로 농지 개간 사업을 열심

히 한 것은 발해농장이 국외 독립운동 기지임을 숨기기 위해서였습니다. 여러 지역에서 흩어져 살던 독립운동가들이 동경성으로 모여들자 안희제는 비밀 연락망을 만들었습니다.

대종교 총본사도 동경성으로 이전하게 하고, 대종교 간부들을 대동청년당에 입단시켰습니다. 대종교는 단군을 믿는 종교로, 독립운동에 적극 참여하고 있었습니다. 대동청년당은 다른 지역 항일 독립군과 연락하여 일본에 항거하는 무장 투쟁을 차근차근 준비해 나갔습니다.

임오교변으로 체포되어 고문으로 순국하다

대종교를 중심으로 만주에서 항일 독립운동을 전개하자 밀정을 침투시켜 간부들 동향을 살피던 일본은 대종교 세력의 팽창을 막기 위해 '임오교변' 사건을 만들어 냈습니다.

임오교변은 조선어학회 회원 이극로가 대종교 3세 교주 윤세복에게 보낸 편지에 같이 넣은 '널리 펴는 말'이라는 글을 일제가 검열하는 과정에서 조작한 사건입니다. 일본은 '널리 펴는 말'이라는 제목을 '조선 독립 선언서'로 바꾸고, "일어나라 움직이라! 한배검이 도우신다"라는 구절을 "봉기하자 폭동하자! 한배검이 도우신다"로 바꿔 대종교 탄압을 시작했습니다.

그리하여 1942년 11월 19일, 만주와 국내에서 제3세 교주 윤세복, 안희제를 비롯한 25명의 대종교 간부들을 '치안 유지법 위반'으로 잡아들였습니다. 대종교 총본사의 비품과 서적, 서류도 압수했습니다.

봄부터 건강이 좋지 않아 의령 고향집에서 요양하고 있던 안희제는 중국 국경에 있는 무역 도시인 목단강시로 호송되어 경무청에 수감되었습니다. 수감되어 있던 8개월 동안 일제의 모진 고문으로 병세는 더욱 악화되었습니다. 함께 검거된 대종교 간부 10명이 이미 일제의 극심한 고문으로 순국했습니다.

안희제는 감옥으로 면회 온 창이에게 부탁했습니다.

"의사 양반, 내가 쓴 모든 일기와 편지를 태워 주게."

아무래도 살아서는 나갈 수 없음을 예감한 것입니다.

창이는 안희제가 얼마 못 살 것을 알고 있었기에 슬픔을 꾹꾹 눌렀습니다.

"나리, 《만몽일기》를 태우라니요? 이렇게 무너지시면 안 됩니다. 힘을 내십시오."

"의사 양반은 나와 평생을 함께했으니, 나를 잘 알지 않는가? 《만몽일기》가 발각되면 남은 동지들에게 큰 피해가 갈 것이네. 꼭 태워 주게."

창이는 독립운동의 역사가 고스란히 담겨 있는 《만몽일기》를 태울 수 없었습니다.

"동지들이 나로 인해 체포되어 고문을 당한다면 눈을 감지 못할걸세."

창이는 고개를 푹 숙였습니다.

안희제는 고문의 후유증에 더해 위장병과 이질로 식음

을 전폐한 상태라 목숨이 점점 위태로워졌습니다. 감옥에서 죽을 수도 있다는 사실을 눈치챈 일본은 병보석으로 안희제를 석방시켰습니다.

병원에 입원해서 치료를 받던 안희제는 마지막 남은 힘을 내어 장남 상록에게 유언을 남겼습니다.

"앞으로 2년 후면 일본은 패망하고, 우리나라는 독립될 것이다. 너희 형제들이 곤란한 입장에 처하였을 때에는 양심에 따라 처신하여라. 빈산에 과일나무를 심으라."

안희제는 감옥에서 나온 지 하루 만에 세상을 떠났습니다. 안희제의 나이 59세였습니다.

입산마을

경남 의령군 부림면 입산마을은 탐진 안씨 집성촌이다. 당산나무 두 그루가 마을을 지키고, 안기종, 안효제, 안희제, 안창제, 안준상, 안호상, 안균 등 독립운동과 정치사에 족적을 남긴 분들의 이름이 새겨져 있다. 탐진 안씨가 입산마을에 터를 잡은 것은 1600년대 초이고, 순흥 안씨 탐진군파 안기종(1556~1633년)이 초대 시조다.

입산마을 출신 명사들의 이름이 새겨진 표지석

백산 안희제 가계도

- 안희제(1885~1943) 건국훈장 독립장 수훈
- 안효제(1850~1916) 애족장, 국내 항일
- 안창제(1866~1931) 애국장, 만주 방면
- 안무상(1883~1927) 대통령 표창, 3·1운동

사방 100리 안에 굶어 죽는 사람이 없게 하라.

만석 이상의 재산은 모으지 말라.

손님을 후하게 대접하라.

과거를 보되 진사 이상 벼슬을 하지 마라.

시집온 며느리는 3년간 무명옷을 입게 하라.

흉년에는 땅을 사지 마라.

– 경주 최 부자집 가훈 〈육훈〉

나라 안에서 독립운동 자금을 대다

문파
최준

400년 이어진 경주 최 부자

"부자는 삼대 가기 어렵다"는 말이 있습니다. 부는 그만큼 대를 이어서 지키기 어렵다는 이야기지요. 그런데 9대 진사, 10대 만석꾼으로 400여 년간 이어진 경주 최 부자가 있습니다.

최 부자의 1대는 최진립 장군으로, 임진왜란과 정유재란에 참전한 무관이었습니다. 1636년 병자호란으로 인조가 남한산성에 갇히자, 69세의 나이로 참전해 청나라 군사들과 싸우다 노비인 옥동, 기별과 함께 전사했습니다. 인조는 최진립에게 '정무'라는 시호를 내리고 청백리로 올렸습니다.

최준은 1884년 최현식과 풍산 류씨 사이에서 태어난 4형제(준, 윤, 완, 순) 가운데 장남이었습니다. 최준과 형제들은 10대조인 최만희 할아버지로부터 조상들 이야기를 자주 들었습니다. 경주의 최 부자가 시작된 1대부터 9대 할아버지가 재산을 모으고 유지해 온 이야기는 언제 들어도

최 부자 댁

흥미진진했습니다.

"자, 모두 이리 와 앉아서 붓을 잡도록 하여라."

할아버지는 아침마다 손자들을 사랑방에 앉혀, 육연과 육훈을 쓰게 했습니다.

자처초연(自處超然): 혼자 있을 때는 마음을 느긋하게 가져라.
대인애연(對人靄然): 사람을 대할 때는 평등하게 대하라.
무사징연(無事澄然): 일이 없을 때는 마음을 맑게 가져라.
유사감연(有社敢然): 일이 닥치면 용감하게 대처하라.

득의담연(得意淡然): 성공하여도 경거망동을 삼가라.

실의태연(失意泰然): 실패했을 때도 태연히 행동하라.

최준은 육연을 쓸 때마다 할아버지가 알려 주시는 뜻을 마음에 새겼습니다.

"육연의 가르침을 새겨 몸과 마음가짐을 반듯하게 가지도록 하여라."

할아버지는 손자들이 잘못했을 때는 너그럽게 타일렀지만, 육연과 육훈을 가르칠 때는 엄격했습니다.

"육훈은 우리 집안이 경주 최고의 최 부자로 명성이 이어져 오는데 중요한 가훈이니 명심해서 지키고, 후손에게도 잘 일러 주도록 하여라."

할아버지는 육훈에 대해서도 자세히 알려 주었습니다.

사방 100리 안에 굶어 죽는 사람이 없게 하라.

만석 이상의 재산은 모으지 말라.

손님을 후하게 대접하라.

과거를 보되 진사 이상 벼슬을 하지 마라.

시집온 며느리는 3년간 무명옷을 입게 하라.

흉년에는 땅을 사지 마라.

"네, 육연으로 자신을 가꾸고, 육훈으로 집안을 잘 가꾸도록 하겠습니다."

최준과 형제들은 육훈을 쓸 때에도 조상님으로부터 내려온 가르침을 생각하며 그리 살리라 다짐했습니다.

'손님을 후하게 대접하라'는 집안의 육훈을 철저히 지키

최 부자 댁 안채

니, 전국의 유명 인사들이 경주에 오면 최 부자 집을 찾았습니다. 유학자 최익현, 의병장 신돌석과 동학 2대 교주 최시형, 천도교 교주 손병희와 같은 분들이 찾아와서 며칠씩 머물다 갔습니다. 신돌석은 여러 달 동안 피신해 있기도 했습니다. 할아버지와 아버지는 사랑방에서 손님들과 밤늦도록 이야기를 나눌 때가 많았습니다.

열 살 때쯤 동학 교주 최시형이 최준을 사랑방에 앉혀 놓고 조용히 말했습니다.

"준아, 백성이 없으면 나라도 없단다. 나라가 없으면 백성들은 온갖 어려움을 겪을 수밖에 없다. 나라는 백성이 중요하고, 백성은 나라가 중요한 것이다. 알겠느냐?"

"네, 할아버지!"

동학 교주 최시형은 최준에게 먼 친척 어른이었습니다. 최시형의 말은 어린 최준이 이해하기 힘든 말이었지만, 최준은 열심히 듣고 고개를 끄덕였습니다.

"부자도 마찬가지니라. 토지가 있어도 소작인이 없으면

농사를 지을 수가 없단다. 농사를 짓지 못하면 부자도 있을 수가 없느니라. 앞으로 집안의 부를 잘 지키려면 소작인들이 잘살도록 해 주어야 한다."

"네, 할아버지!"

최시형

최준은 최시형의 말을 두고두고 곱씹어 마음에 새겼습니다.

최준과 형제들은 마당에서 놀며 사랑방에서 새어 나오는 이야기를 들었습니다. 최준은 나라에 무슨 일이 일어나고 있는지 무척 궁금했습니다. 심각한 이야기가 많은 것 같아서 손님이 가고 난 뒤 할아버지에게 여쭈었습니다.

"할아버지, 지금 나라에 무슨 일이 일어나고 있습니까? 밖에서 손님들과 나누시는 말씀을 들으니 위급한 일이 있는 것 같습니다."

"우리 조선은 청나라와 일본, 러시아와 가까이 있는데 청나라 힘이 약해지고 일본과 러시아가 힘을 키우고 있어서 걱정하고 있단다. 나라의 힘이 약해지면 힘센 나라들이 침입하려고 호시탐탐 노리게 된단다."

최준은 할아버지 말씀을 다 알아듣지는 못했지만 나라의 힘이 세어야한다는 것은 알 수 있었습니다. 훗날 형제들은 각자 다른 방식으로 독립운동을 하게 되는데, 어릴 때부터 할아버지와 아버지, 집에 방문한 항일 독립지사들의 영향을 받았기 때문입니다. 바르고 옳은 길이 무엇인지를 찾아서 행동했던 것입니다.

사방 100리 안에 굶어 죽는 사람이 없게 하라

최준 집안의 육훈 가운데 '사방 100리 안에 굶어 죽는 사람이 없게 하라'는 문장이 있습니다. 조선에서 알아주는 3대 부자인데 주변에 굶어 죽는 사람이 생긴다면 그 부자는 진짜 부자가 아닌 부끄러운 부자가 될 것입니다.

　3대 최국선 할아버지 때 명화적(밤에 햇불을 들고 화적질을 하는 패거리)이 들이닥쳐서 곳간에 있던 곡식과 옷감을 털어 갔습니다. 명화적은 보통 복면을 쓰는데 이들은 복면을 쓰지 않은 채 약탈을 했습니다. "잡아갈 테면 잡아가라"는 선전포고를 하는 것처럼 말입니다. 최국선 할아버지는 '왜 명화적이 곳간을 털러 왔을까? 왜 복면을 하지 않았을까?'하고 밤새 곰곰이 생각했습니다.

　"재물은 분뇨와 같아서 한 군데 쌓아 두면 악취가 나지만, 골고루 사방에 뿌리면 거름이 되어서 다시 돌아오는 법이다"라고 한 친한 노스님의 말씀이 떠올랐습니다. 그래서 명화적을 관가에 고발하지 않았습니다.

　이튿날 할아버지는 소작인들을 불러 모아 앞으로 반갈림(지주 50, 소작인 50으로 수확물을 나누는 것)을 하겠다고 발표했습니다. 또 장리쌀 장부를 들어 보이며 말했습니다.

　"이것은 작년에 빌려 간 곡식을 정리한 문서네. 불태워 없앨 터이니 올해부터 농사를 잘 지어서 반으로 갈라 먹세."

최 부자 댁 곳간

소작인들이 깜짝 놀라 머리를 조아리며 고마워했습니다.
"나으리, 고맙습니다."

그리고 할아버지는 곳간에서 쌀 몇 가마니를 꺼내 오게 하여 조금씩 퍼 가라고 했습니다. 할아버지는 소작인들이 잘살지 않으면 언제든 명화적이 되어 곳간을 털 수 있다고 생각한 것입니다. 나눠야 함께 잘 살 수 있다는 나눔과 상생의 사상을 명화적의 침입을 받고 깨친 것입니다.

큰 흉년이 들었을 때 최 부자 집은 곳간을 열고 마당에 큰 가마솥을 걸었습니다.

"주민들이 굶주리는데 우리 집안만 재물을 가지고 있으면 무엇 하겠는가. 죽을 끓여 굶는 이에게 먹이고, 옷을 지어 입히라!"

최준의 아버지 최현식이 집안 주인으로 있을 때입니다. 굶주린 백성들이 활빈당으로 변해 관가의 곳간과 부잣집 곳간을 털러 다녔습니다. 최 부자 집에도 활빈당이 찾아왔습니다. 그런데 활빈당 중 한 사람이 나섰습니다.

"전에 이 집에 들어와서 도적질하다 들켰는데, 오히려 곡식을 더 가져가라고 한 적이 있다. 이 집은 털면 안 된다."

대대로 육훈을 잘 지키며 부를 쌓아 온 것을 알 수 있는 일화입니다.

'만석 이상의 재산은 모으지 말라'는 육훈도 철저히 지켰습니다. 평상시에는 수확한 곡식을 반갈림하고, 만석이 넘으면 6 대 4, 7 대 3으로 소작인에게 이익이 돌아가게 나눴습니다. 그래서 소작인들은 최 부자 집 농사를 더 열심히 지었습니다. 좋은 땅이 매물로 나오면 최 부자 집에 먼저 알려 주고 사라고 했습니다. 만석의 곡식도 3분의 1만 사용하고, 3분의 1은 살림이 어려워서 굶는 백성에게 나누어 주었습니다. 나머지는 집안에 찾아오는 손님맞이용으로 천석을 사용하고, 농토의 치수 사업과 마을에 필요한 공공사업에 사용했습니다.

손님을 후하게 대접하라

옛날에는 지금처럼 숙박업이 성행하지 않아서 경주에 오면 묵을 곳이 마땅치 않아 많은 사람들이 최 부자 집으로 찾아왔습니다.

한번은 친척인 보성중학교 교장 최린이 학생 100명과 천도교 교인 100여 명을 이끌고 경주로 여행을 왔습니다. 당시 경주에는 200여 명이 한꺼번에 묵을 호텔이나 여관이 없다 보니, 최준에게 묵게 해 달라고 부탁해 왔습니다. 최준은 200여 명을 자신의 집에 묵게 했습니다. 그런데 200여 명에게 반찬이 일곱 가지인 독상을 차려 주었다고 합니다.

　옛날에는 주로 개다리소반인 독상에 차린 밥을 먹었습니다. 200여 명이 한꺼번에 밥을 먹으려면 개다리소반 200개와 반상기 200벌이 있어야 가능했습니다. 그만큼 최준의 집안에는 언제나 많은 손님을 치를 준비가 되어 있었던 것입니다.

　고종 황제의 둘째 아들 의친왕 이강이 영남 지방을 유람하면서 최 부자 집에 엿새 동안 머문 적이 있었습니다.

　하루는 이강이 최준을 불러 놓고 말했습니다.

　"내가 선생의 호를 하나 지었소. '문파', 이름이 높이 올라 있다는 뜻이오. 어떻소?"

　최준은 의친왕이 지어 준 호가 마음에 들었습니다.

　"저하께서 제 호까지 지어 주시고, 황송해서 어쩝니까?"

　의친왕은 지필묵을 준비해 달라고 하여 종이에 큰 글씨로 '문파(汶坡)'라고 썼습니다. 최준은 의친왕의 글씨를 받아 액자에 넣어 사랑방 문 앞에 걸어 두었는데 안타깝게도

1970년대 초 사랑채에 화재가 나서 불타 버렸습니다.

천도교 교주인 손병희는 3·1만세 운동을 앞두고, 최준을 찾아왔습니다.

복원된 사랑채에 걸린 문파 액자

"최준 선생, 내가 독립운동에 적극 가담을 해야 해서 더 이상 보성전문학교 운영이 어렵게 되었어요. 선생이 맡아 주셨으면 합니다."

최준은 교육 사업에 뜻이 있었지만 선뜻 맡을 수가 없었습니다. 이미 안희제와 함께 부산에 백산무역주식회사를 설립해서 대한민국 임시정부에 독립 자금을 대고 있었기 때문입니다.

최준은 정중하게 사양했습니다.

"저를 생각해 주신 점은 고맙지만 백산무역주식회사를

운영하고 있어서 맡기가 어려울 것 같습니다."

손병희는 포기하지 않았습니다.

"그럼, 마땅한 사람을 추천해 주세요."

최준은 보성전문학교를 맡을 사람을 사방에 수소문해서 인촌 김성수를 추천했습니다. 김성수가 보성전문학교를 맡아 교장이 되었습니다.

백산무역주식회사를 설립해 독립 자금을 마련하다

4년 동안 중국과 러시아를 돌고 온 안희제가 최준을 찾아왔습니다.

"백산, 잘 다녀왔는가? 중국과 러시아로 망명한 독립군들의 생활은 어떻던가?"

최준은 궁금한 게 너무나 많았습니다.

"만주도, 러시아도, 상해도 무척 어렵지요. 늘 부족한 게 자금 아니겠어요? 지속적으로 독립운동을 하려면 자금

지원이 절실합니다."

"그렇지. 하나에서 열까지 다 돈이 드는 일이지. 활동하려면 돈이 얼마나 필요하겠나!"

최준은 보지 않아도 알 것 같았습니다.

안희제는 동생 소식도 전했습니다.

"완 동생도 힘들긴 하지만 상해에서 잘 지내고 있었습니다."

최완은 4형제 중 셋째로 1909년 안희제, 이원식, 남형우, 서상일, 박중화 등 80여 명의 동지들과 신민회 계열의 비밀 청년 단체인 대동청년당을 조직하는 데 함께했습니다. 대동청년당은 국권 회복을 목적으로 지하에서 독립운동을 전개했습니다. 그러다 1910년 8월 29일 일본에 국권을 빼앗기자 중국으로 망명했습니다.

최준은 국외 독립 기지 건설 현장을 보고 온 안희제의 다음 일정이 궁금했습니다.

"그거 다행이구먼. 그나저나 이젠 뭘 할 생각인가?"

"의령에서 제지업을 시작했습니다. 아무래도 부산으로

가서 상회를 열어 장사를 크게 해야 될 것 같습니다. 그래야 독립군 자금을 한 푼이라도 더 마련해서 보낼 수 있지 않겠어요."

최준도 안희제의 계획에 동의했습니다.

"백산, 아주 훌륭한 생각을 하였네. 국내에서 군자금을 마련해서 보내야 일본과 싸울 준비를 할 수가 있지."

동학군에게도 비밀리에 자금을 대어 주었고, 독립군들에게도 몰래 자금을 보내고 있었습니다. 최준은 늘 "나라가 없으면 부자도 없다"는 할아버지 말씀을 새기고 살았습니다. 빼앗긴 나라를 되찾기 위해서는 무엇이든 하리라고 다짐했습니다.

최준은 백산상회가 경기 호황으로 합자 회사로 전환할 때 무한책임사원으로 함께했습니다. 최완도 백산무역주식회사를 설립할 때 주주로 참여했고, 3·1만세 운동 후에는 상해 임시정부 재무부 위원과 임시의정원 위원이 되었습니다.

백산상회에서 백산무역주식회사로 바꿀 때 최준은 130

만 원의 자본금을 대고 대표이사를 맡았고, 막내 동생 최순은 이사(1919년)와 상무(1921년)의 직책을 맡아 운영에 참여했습니다.

백산무역주식회사는 사업이 잘되었지만 항상 결손 처리하다가 부도 위기에 몰렸습니다. 수익금 가운데 많은 돈이 독립 자금으로 빠져나갔기 때문입니다. 대표이사인 최준과 상무인 최순은 다른 주주들로부터 횡령 혐의로 고발당했습니다. 일본 경찰의 추궁을 피하려면 개인 횡령으로 뒤집어쓰는 수밖에 없었습니다.

최준은 이 사태를 수습하기 위해 개인 재산을 담보로 잡혀서 조선식산은행에서 35만 원이라는 큰돈을 대출했습니다. 최준은 현재 여의도 면적의 4분의 3에 해당하는 넓은 면적의 토지를 담보로 제공했습니다.

백산무역주식회사는 결국 빚 130만 원을 못 갚고 파산했습니다. 식산은행의 빚을 최준이 오롯이 떠맡았습니다. 식산은행은 무한책임을 진 최준의 전답은 물론 가구까지 차압 딱지를 붙였습니다. 새로 부임한 경찰서장이 최 부자가 망하면 백성들 원성이 높아질 것을 염려해서, 담보 잡힌 토지의 절반을 돌려주는 대신 조건을 내걸었습니다.

"최준 사장, 중추원 참의가 되셔야겠소."

경찰서장이 최준에게 중추원 참의를 하라는 청천벽력과도 같은 조건을 내걸어서 협박했습니다. 친일 매국 세력들에게 중추원 참의라는 자리는 돈을 내고서라도 차지하려는 자리였습니다. 하지만 최준에게 조선총독부 중추원 참의가 된다는 것은 을사오적 다음의 친일반민족 행위자가 되는 일이었습니다. 최준에게 심한 압박이 가해지자 경주 최씨 문중은 가문이 몰락할 수도 있다면서, 둘째 최윤에게 최준 대신 중추원 참의가 되라고 했습니다. 집안을 지켜야 한다는 주장 앞에서 최윤은 거절할 수가 없었습니다.

최윤이 중추원 참의를 지낸 것은 집안을 지키기 위한 희생이었습니다. 최윤은 친일 행위를 하지 않으려고 거문고, 바둑, 서예에 심취해 시간을 보냈습니다. 그러나 해방이 되자 최윤은 반민특위에 체포되었고, 《친일인명사전》 중추원 부문에 수록되기까지 했습니다.

최준(오른쪽)과 동생 최윤(왼쪽)

 최준에게 3년간 붓글씨를 배운 대구 경찰서장은 최준의 글씨를 비슷하게 흉내 낼 수 있게 되자, 상해에 있는 세째 동생인 최완에게 "내가 많이 아프니 속히 귀국하라"는 편지를 보냈습니다. 형님 글씨로 알고 속아서 귀국한 최완은 오자마자 일본 경찰에 체포되어 혹독한 고문을 당했습니다. 오랫동안 망명 생활에서 얻은 지병이 고문으로 악화되어 석방된 최완은 사흘 만에 세상을 떠나고 말았습니다.
 백산무역주식회사가 파산하자 막내인 최순은 고향을 떠나서 지내다 해방이 되어 고향으로 돌아왔습니다. 1948년 최순은 주변의 권유로 제헌 국회의원에 출마를 준비하던 중, 상대방 후보를 지원하는 서북청년단에 의해 암살되었습니다.

해방 후, 최준은 귀국한 김구를 만나러 경교장으로 갔습니다.

김구는 독립운동 자금 장부를 최준에게 보여 주었습니다.

"문파 선생, 독립 자금을 많이 보내 주셔서 큰 힘이 되었습니다. 정말 고마웠습니다. 여기 독립군 자금 보내 주신 내용을 빠짐없이 기록해 둔 장부가 있으니 보십시오."

최준이 보낸 군자금 내역이 고스란히 장부에 기록되어 있었습니다. 최준은 장부를 보고 안희제의 묘소로 달려가 엎드려 통곡했습니다.

최준이 백산을 의심한 것은 아니었으나, 장부에는 백산이 여비나 활동자금에는 한 푼도 쓰지 않고 독립운동 자금으로만 철저히 관리했음이 증명되었던 것입니다.

대구대학을 설립하다

최준은 보성전문학교를 인수하라는 손병희의 요청을 받아들이지 못한 아쉬움을 내내 마음에 담고 있었습니다.

"그때 백산무역주식회사를 운영하느라 인수하지 못해 많이 아쉬웠어요. 나도 기회가 되면 대학을 설립하리라 마음먹고 있어요."

최준이 평소에 동지들에게 했던 말을 실천하게 되었습니다. 해방 후에 최준은 남은 재산 모두와 살고 있던 경주 집과 대구 집, 선산을 비롯해서 경주 교동의 친척 일가들 집까지 내어놓아 대구대학을 설립했습니다.

"대구에 종합대학 하나 없다니! 나라의 미래는 얼마나 후손 교육을 잘하느냐에 달려 있다."

최준은 오랫동안 꿈꾸었던 종합대학 설립을 차근차근 준비하여, 드디어 대구대학을 설립하고 대표 설립자가 되어, 수백 년간 전해 온 집안의 희귀 고문서 7,200권까지 학교 재단에 기부했습니다.

대학 설립 초기에는 사회의 질서가 바로 잡히지 않아서 부정 입학, 공금 횡령 등 온갖 부조리가 일어나고 있었습니다. 그러나 최준은 어떠한 부정도 용납하지 않고, 투명하게 모범을 보이며 대구대학을 운영했습니다.

　　1961년 박정희의 군사 쿠데타 이후 최고회의의 '대학 정비 사업'으로 대학 정원이 감축되고, 일부 학과가 없어지면서 학교 재정에 어려움을 겪게 되었습니다. 전 재산을 팔아 대구대학 설립자금으로 내놓았던 최준에게는 더 이상 투자할 돈이 남아 있지 않았습니다. 그래서 당시 재단이사였던 신현확을 통해 재단 운영자를 물색했습니다.

　　삼성 회장 이병철이 재단을 맡아 운영하겠다고 최준을 찾아왔습니다.

　　"이사장님, 제가 대구대학을 맡아서 한강 이남의 최고 대학으로 키워 보겠습니다."

　　최준은 이병철의 말에서 진정성을 느꼈습니다.

　　"이 회장께서 대구대학을 잘 운영해서 발전시켜 준다면

대구대학

조건 없이 맡기겠습니다."

최준은 이병철 회장을 전적으로 믿고 조건 없이 대구대학과 재단을 넘겨주었습니다. 어려운 시기에 대학을 맡아주어 고맙다고 가보로 물려받은 단계연(중국의 으뜸가는 벼루)을 서울에 있는 삼성까지 들고 가서 선물로 주었습니다.

1966년 삼성의 사카린 밀수 사건이 터지자 위기에 몰린 이병철에게 당시 대통령 비서실장 이후락이 협상을 요구했습니다.

"성균관대학을 운영하도록 해 줄 테니, 대구대학을 내놓

으시오.”

이병철은 최준에게는 알리지도 않고 협상에 응했습니다.

이 일은 현재 박근혜의 영남대학교와 삼성의 성균관대학교가 된 계기가 되었습니다.

소식을 전해 들은 최준은 크게 화를 냈습니다.

"내가 이병철한테 대구대학을 돈 받고 팔았는가? 왜 제멋대로 박가한테 대구대학을 주는가!"

또 다음과 같이 한탄했습니다.

"독립운동한 집안의 돈으로 세운 대학을 하필이면 만주군관 출신 박정희에게 빼앗겼단 말인가!"

최준은 1970년 세상을 떠날 때까지 분노하고 한탄했습니다. 일제강점기에는 나라를 되찾기 위해 독립군 자금으로 재산을 바치고, 해방 이후에는 민족 교육을 위해 전 재산을 털어 대구대학을 설립해 학교를 운영했습니다. 대구대학이 박정희 일가에게 넘어가면서 영남대학교로 이름이 바뀌고, 경주 최 부자 명성도 막을 내렸습니다. 최 부자는 12대 400년 만에 부자라는 대열에서 내려오게 된 것입니다.

부자 중의 진짜 부자

경주 최 부자 집안은 대대로 부를 쌓는 것을 중요하게 여기며 살았습니다. 최 부자가 부를 이룬 과정은 여러 낱말로 나타낼 수 있습니다.

첫 번째가 '청부'입니다. 부를 이루되 남에게 피해를 주지 않고 깨끗하게 쌓은 것입니다.

두 번째가 '장부'입니다. 1대인 최진립부터 12대 최준까지 400여 년이라는 오랜 세월 동안 부를 유지해 왔습니다.

세 번째가 '현부'입니다. 부를 쌓을 때 상생을 염두에 두었고, 부를 나눔으로써 더 큰 부를 쌓았습니다.

그리고 마지막으로 '미부와 종부'입니다. 12대에 걸쳐 쌓은 재산을 잘 사용해서 마무리를 지은 것입니다.

경주 최 부자 집안은 돈만 많은 부자가 아니라 부자는 어떻게 부를 쌓아야 하고, 그 부를 어떻게 사회를 위해 돌려줘야 하는지 실천함으로써 모범을 보였습니다.

경주 최 부자 가계도

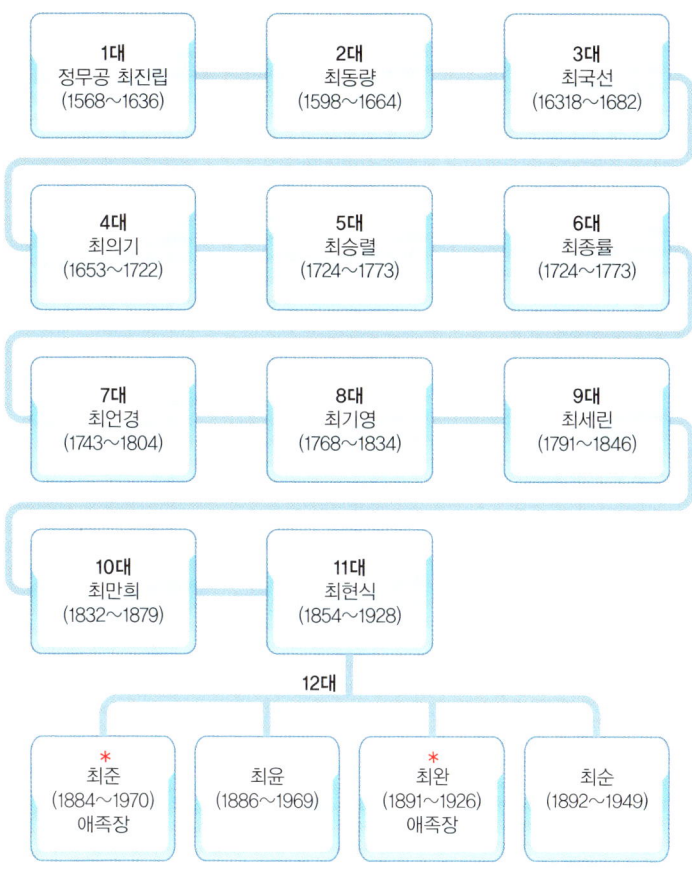

*표시는 독립유공자

· 최준(건국훈장 애족장)
· 최완(건국훈장 애족장)

백산상회

안희제는 1911년부터 만주와 러시아를 방문해서 독립운동가들을 만나면서 그들이 중국과 러시아에서 독립운동 기지를 건설하면서 재정에 어려움을 겪는 것을 직접 목격했다. 귀국한 안희제는 이유석, 추한식과 함께 1914년, 부산역 근처에 백산상회를 설립했다. 백산상회는 자본금 13만 원으로 시작한 소규모 개인 상회였다.

1918년에는 합자 회사 백산상회로 개편했다가, 1919년 5월에는 안희제, 최준, 윤현태 3인이 발기인이 되어 영남 지방 대지주들과 함께 자금을 모아서 자본금 100만 원의 백산무역주식회사를 세웠다.

주주로 참여한 주요 사람은 최준, 최태욱, 윤현태, 안익상,

백산상회

정상환, 강복순 등으로 모두가 영남 지방 대지주들이었다. 주요 경영진은 사장 최준, 이사 윤현태, 안희제, 강복순, 지배인 최준, 감사역 전석준, 김시구 등이었다.

총 주식은 2만 주로 주주는 182명이었는데, 그중 안희제 2천 주, 최준 2천 주, 윤현태 2천 주, 안익상 1천 주를 가지고 있었다.

사장 최준은 경주 최 부자의 후손으로 여러 민족 기업에 손을 뻗치고 있었고, 이사 윤현태 동생인 윤현진이 상해 임시정부의 재정차장을 지냈다. 이사 강복순은 진주의 대지주로 역시 여러 민족 기업에 손을 뻗치고 있었다.

3·1 만세 운동 이후 안희제는 남형우와 윤현진을 상해로 파견하고 모든 경비를 조달해 주었다.

안동현에 세운 무역 회사 겸 선박 회사인 이륭양행은 아일랜드계 영국인 조지 루이스 쇼가 운영했는데 2층에 임시정부 교통국을 두어 독립운동가들 연락 사무소로 사용했다.

장사는 잘 되었지만 수익은 항상 적자였다. 계속해서 독립운동 자금을 보냈기 때문이다. 백산무역주식회사가 독립운동 자금줄이라는 것을 눈치챈 일본 경찰이 회사의 장부 검열과 임직원에 대한 수색과 감금을 일삼았다. 또 관련 인물에 대한 조사를 집요하게 계속하고, 끈질긴 탄압으로 결국 회사는 1928년 문을 닫았다.